あらまし と Q&A

でわかる

カスハラ

［編］　弁護士法人中央総合法律事務所

［著］　弁護士　中光　弘・錦野裕宗・國吉雅男
　　　　　　　古川純平・西中宇紘・金木伸行

一般社団法人金融財政事情研究会

はじめに

　ハラスメントは、平たい言い方をすると嫌がらせということになると思います。最近はハラスメントの前にセクシュアルやパワー等の言葉がついて、いろんな場面での嫌がらせが議論されています。本書ではカスタマーハラスメントを取り上げました。カスタマーハラスメントでは、物の売り手と買い手、サービスの提供者と受領者がいて、それなりに経済的な対価関係のあることが前提になります。この対価関係が主観的にでも客観的にでも崩れると不平不満のもとになり、苦情が出ます。苦情には、会社にとって新たなビジネスの工夫や着想につながる宝の山の場合もあれば、端的にやっかいごとの場合もあります。両者は苦情者の話を聞くなかで適切に区別されるべきですが、本書で対象とするのは宝の山ではない場合です。またそのような場合であっても、対応いかんではその会社の新たなファンの獲得につながることもあるでしょうが、本書で対象とするのは、ファンの獲得につなげる方法ではありません。したがって苦情者をクレーマーと表記しています。

　クレーマーの話を聞いてみると、次のように整理されると思います。1つ目は会社の提供した物やサービスに問題がある場合です。これは、謝罪して、リカバリーをして、再発防止策を構築する流れになります。提供した物やサー

ビスそのものには問題がないが、提供の仕方等プロセスに問題があるという場合でも同じです。2つ目は、提供した物やサービスに問題はないが、もう少しやりようがあるだろうとか、もう少し付加的なサービスがあるだろうという場合です。カスタマーハラスメントが起きる多くはこの場合ではないかと思います。ほかに言い方があれば、あるいはほかにやりようがあれば違法、不当になるのではないのであって、むしろ会社としてどこまでのサービスならやるのかはっきりと定めておくべきです。それを超えるようならあるいはその目線からはずれるようなら、毅然とお断りすべきです。そして、最後に3つ目が端的に嫌がらせというべき場合です。これはいかに終わらせるかという問題です。

　以上のような整理や判断は会社全体で行うことであるとしても、実際の対応は現場で担当者が行うのが通常でしょう。上記のいずれと整理される場合であっても、会社の体制整備、内部統制が肝要で、本書は、そのような会社の体制の目線と現場の従業員の目線の両方を意識しております。本書が皆様の企業活動の一助となれば著者らにとってこれ以上の喜びはございません。どうぞご参考になさってください。

　執筆にあたって、金融財政事情研究会田島正一郎金融法務編集部長には大きなところから細かなところまで万端お

世話になりました。深く謝意を表します。

令和2年4月

著者を代表して

中 光 弘

【編著者略歴】

中光　弘（なかみつ　ひろし）
　平成5年4月弁護士登録。金融機関、行政機関および多方面の企業の多種多様な案件を取り扱っている。企業側でのハラスメント対応や、ハラスメント防止をふまえた体制整備の案件にも多数携わっている。

錦野　裕宗（にしきの　ひろのり）
　平成11年4月弁護士登録。平成17年4月～平成19年5月金融庁監督局保険課に任期付公務員として勤務（平成18年7月～平成19年5月法令等遵守調査室を併任）。平成24年6月～平成25年6月金融庁金融審議会「保険商品・サービスの提供等の在り方に関するワーキング・グループ」専門委員。平成30年7月～令和元年10月国土交通省「制度施行10年経過を見据えた住宅瑕疵担保履行制度に関する検討会」委員。

國吉　雅男（くによし　まさお）
　平成15年10月弁護士登録。平成23年7月～平成25年12月金融庁監督局総務課に任期付公務員として勤務（同期間法令等遵守調査室を併任。平成24年3月～6月監督局証券課を併任）。平成26年3月～第一東京弁護士会民事介入暴力対策委員（現任）。

古川　純平（ふるかわ　じゅんぺい）
　平成19年9月弁護士登録。大阪弁護士会民事介入暴力及び業務妨害対策委員（現任）、平成28年4月～平成30年3月、平成31年4月～同委員会副委員長。
　企業や行政に対する不当要求対応の案件や講演を多数行っている。

西中　宇紘（にしなか　たかひろ）

　平成25年12月弁護士登録。平成29年10月24日宅地建物取引士登録。金融機関、不動産業者、保険会社等の多様な企業を依頼者とするクレーマー対応案件を多数受任対応した経験がある。

金木　伸行（かねき　のぶゆき）

　平成30年12月弁護士登録。令和元年9月〜第一東京弁護士会会社法部会委員（現任）。企業側でのハラスメント対応の案件に複数携わっている。

目　次

第1章　カスタマーハラスメントのあらまし

第2章　カスタマーハラスメント対策Q&A

第 **1** 章

カスタマーハラスメント
のあらまし

1 カスタマーハラスメントとは何か

近年、「○○ハラスメント」という言葉を見聞きすることが多くなりました。代表的なものは、「セクシュアルハラスメント」（セクハラ）や「パワーハラスメント」（パワハラ）です。これらの言葉は、社会ですでに定着しています。加えて、最近は、「スメルハラスメント」「アカデミックハラスメント」という言葉も、徐々に定着しつつあるように思われます。

皆さんは、「カスタマーハラスメント」という言葉を、見聞きしたことはありますか。

会社には、日々の事業活動に関し、顧客から問合せや、苦情（クレーム）が多く寄せられます。

顧客から受ける苦情（クレーム）のなかには、①会社の経営やサービスの改善につながる有益なもの、②会社の経営やサービスの改善につながらないが、その内容や態様が悪質とまではいえないもの、③会社の経営やサービスの改善につながらず、その内容や態様が悪質なもの、に分類できます。

本書では、上記①②③をあわせて**「クレーム」**と呼び、顧客のなかでクレームを会社に申し入れる人を「クレーマー」と呼びます。そしてクレームのうち上記③は、<u>**「会社がクレーマーから受ける悪質なクレーム」**</u>であり、これ

を「カスタマーハラスメント」(カスハラ) と呼ぶことと
します。

　クレーマーには、有用なクレームを行う顧客も含んでい
ますが、カスハラは有用なクレームは含まれず、悪質なク
レームを想定しています。

　この点、以前はクレーム・苦情ははねつけていくもの、
「処理」していくものとの認識があったのかもしれません。
しかし、最近では企業はクレーム・苦情(顧客の声)と向
き合っていくべきで、適切に「対処」していくべきである
との考えが一般的です。顧客の声に十分に耳を傾け理解し
たうえで、追加で説明すべきは説明し納得を得られるよう
努力し、顧客の声に合理性があり自らに非があるのであれ
ばこれを認め、対応・謝罪すべき、というものです。苦情
に目を向けることにより、企業は自らの不祥事に気づき、
社会から非難を受ける前に、先手対応をとることができ、
企業の業務・経営を改善する端緒にすることもできます。

　本書の記載の中心は、カスハラ・悪質なクレームへの対
応策ですが、決してクレーム・苦情に向き合っていくべき
き、との考えを否定する趣旨ではないことをご理解くださ
い。

2　カスタマーハラスメントの具体例

　カスハラの具体例を7つに分類して紹介します。

① 長時間の拘束・繰り返し（窓口を訪れたり、担当者に電話したりして、長時間にわたってクレームを続け、担当者を長時間にわたって拘束する）

② 暴言（担当者に対し、怒鳴り声をあげたり、人格を否定する発言をしたりする）

③ 威嚇や脅迫（担当者に対し、危害を加えることなどを発言する）

④ 暴力（殴る蹴るなどの暴力を行使する）

⑤ 要求行為（担当者に対し、社会通念を超えて執拗に、自らの要求（金銭的要求、謝罪要求など）を押し通そうとする）

⑥ 会社などの就業場所以外での拘束（担当者をクレーマーの自宅や特定の場所へ呼びつける）

⑦ ネットやSNSの利用（ネット上で会社を誹謗中傷する内容の投稿を行ったり、クレーム対応を行った担当者の写真や動画を撮影し、SNSに投稿したりする）

　クレーマーによっては、企業に対し、複数の態様でカスハラを行うことも少なくはありません。

　もし、あなたが、このようなカスハラの具体例に当てはまるような事案に接した場合には、カスハラととらえ、しかるべき部署に相談し、会社として、その案件を組織としてどのように対応するかを、検討する必要があります。

　第2章ではクレーマーから①〜⑦のカスハラを受けた場

合、会社として、また会社の担当者（従業員）であるあなたとして、どのように対応すべきかについて詳しく解説しています。

3　カスタマーハラスメント対策と企業の安全配慮義務

　クレーマーから直接カスハラを受けるのは、会社の担当者（従業員）であるあなたです。クレーマーからカスハラを受けた従業員が、過度なストレスにより、精神や身体に支障をきたすことも想定されます。

　使用者である会社は、従業員との間で締結した労働契約に基づき負担する安全配慮義務の観点から、カスハラに対応する必要があります（最高裁判所昭和59年4月10日第3小法廷判決（川義事件）参照）。ここでは、会社としてのカスハラ対策のうち、使用者である企業が従業員に対して負っている安全配慮義務に着目して検討します。

　会社が従業員に対し負担する安全配慮義務の具体的内容は、従業員の職種、労務内容、労務提供場所等の具体的状況によって異なりますが、一般論としては、従業員がカスハラを受けた場合に、使用者である会社は、安全配慮義務の観点から、従業員の心身の健康も含めた生命、身体などの安全に配慮した対応を行う必要があります。

　会社が、安全配慮義務を履行するためには、以下のよう

な対応が考えられます。

①　担当者向けに会社内に相談窓口を設置したうえで、担当者がクレーム対応における悩みごとなどを相談できる体制を整備する。

②　担当者から相談を受けた相談窓口担当者は、対応しているクレーム案件が担当者単独で対応できるものかどうかを判断し、担当者単独で対応すべきではないと判断されるケースでは、複数で対応するようにし、適切なバックアップ体制を整備する。

③　担当者が適切にカスハラに対応できるよう、相談窓口の積極的な活用の点を含め、カスハラ対応の研修を実施する。

④　担当者を固定せずに、一定の期間ごとに配置転換を行い、特定の担当者が長期間かつ継続的にストレスを感じることがないようにする。

　以上の①〜④はあくまでも例示ですが、会社は安全配慮義務の観点から、カスハラの対応を行った担当者が、その対応のストレスから精神的、身体的に支障をきたすことがないように体制を整備し、運用する必要があります。

4 カスタマーハラスメントについての行政庁での議論

⑴ 行政庁における議論

　最近は、カスハラが課題として取り上げられるようになっており、関係省庁でもカスハラ対応について議論されています。ここでは厚生労働省と消費者庁の議論を紹介します。

⑵ 厚生労働省における議論

　厚生労働省では、「職場のパワーハラスメント防止対策についての検討会」[1]（座長：佐藤博樹中央大学大学院戦略経営研究科教授）が平成29年5月から10回開催されました。この検討会は平成29年3月28日働き方改革実現会議で決定された「働き方改革実行計画」で、「職場のパワーハラスメント防止を強化するため、政府は労使関係者を交えた場で対策の検討を行う」とされたことをふまえ、実効性のある職場のパワーハラスメント防止対策について検討するために開催されました。この検討会では、「顧客や取引先からの著しい迷惑行為」である「カスタマーハラスメント」

1　厚生労働省ホームページ https://www.mhlw.go.jp/stf/houdou/0000201255.html

についても議論されました。

　検討会は、平成30年3月に「職場のパワーハラスメント防止対策についての検討会　報告書」を公表していて、報告書では、「顧客や取引先からの著しい迷惑行為」、すなわちカスハラに関して、職場のパワハラとカスハラの差異について、次のように報告されています。

　「事業主が労働者の安全に配慮するために対応が求められる点においては、顧客や取引先からの著しい迷惑行為は、職場のパワーハラスメントと類似性があるものとして整理することが考えられる。しかしながら、顧客や取引先からの悪質な著しい迷惑行為への対応は、職場のパワーハラスメントへの対応と次の点で異なる。

①　職場のパワーハラスメントと比べて実効性のある予防策を講じることは一般的には困難な面がある。

②　顧客には就業規則など事業主をつかさどる規範の影響が及ばないため、対応に実効性が伴わない場合がある。

③　顧客の要求に応じないことや、顧客に対して対応を要求することが事業の妨げになる場合がある。

④　問題が取引先との商慣行に由来する場合には、事業主ができる範囲での対応では解決につながらない場合がある。

⑤　接客や営業、苦情相談窓口など顧客等への対応業務には、それ自体に顧客等からの一定程度の注文や対応が内

在している」

　また、この検討会のなかでは、以下のような意見が示されました（以下は、筆者が抜粋）。

①　顧客や取引先からの著しい迷惑行為を受けた労働者に対して、事業主が配置転換や相談を受け付けることなどなんらかの対応に取り組むことが必要とされているのではないか。

②　上記のパワーハラスメントと顧客や取引先からの著しい迷惑行為との相違点をふまえれば、事前に行為者が予見できない場合には予防が難しいと考えられることや事業者が自社の労働者に対して講じるのと同様の措置を講じることは難しい。

③　セクシュアルハラスメントや妊娠・出産・育児休業等に関するハラスメントに対して、事業主が雇用管理上講ずべきとされている措置の内容と照らした場合には、「行為者への対処方針・対処内容の就業規則等への規定」「周知・啓発や、事実関係の迅速・正確な確認」「行為者に対する対応の適正な実施、再発防止に向けた対応の実施」などの措置について、顧客や取引先からの著しい迷惑行為への対応として事業主が取り組むことに一定の限界があると考えられる。

④　顧客や取引先からの著しい迷惑行為への対応については、事業主が顧客に対してあらかじめ著しい迷惑行為を

しないよう直接働きかけることは難しくとも、雇用する労働者に対して取引先の労働者等に対して著しい迷惑行為をしないよう周知・啓発することは可能であり、まずはそうした取組みから進めるべきではないかと考えられる。

⑤　顧客や取引先からの著しい迷惑行為が社会的な問題になっている状況をふまえれば、顧客や取引先からの著しい迷惑行為の問題に対応するためには、事業主に対応を求めるのみならず、周知・啓発を行うことで、社会全体で機運を醸成していくことが必要である。その際に、例えば「カスタマーハラスメント」や「クレーマーハラスメント」など特定の名前やその内容を浸透させることが有効ではないかと考えられる。

⑥　顧客や取引先から過剰な要求があった場合に、そのことが企業にとって強い圧力となり、その結果労働者への負荷が大きくなることが、職場のパワーハラスメントの背景にもなりうる。

⑦　一人ひとりが顧客や取引先の立場となる場合も含め、職場の内外を問わず、他者に対して著しい迷惑行為をしてはいけないという社会認識を形成していくことも重要である。

　検討会は、このような意見をふまえて、「個別の労使のみならず業種や職種別の団体や労働組合、関係省庁（厚生

労働省、経済産業省、国土交通省、消費者庁等）が連携して周知、啓発などを行っていることが重要であるとするものの、顧客や取引先からの著しい迷惑行為については、業種や職種ごとに態様や状況に個別性が高いことも事実であることから、今後本格的な対応を進めていくためには、関係者の協力のもと、さらなる実態把握を行ったうえで、具体的な議論を深めていくことが重要であると考えられる」として議論を取りまとめています。

⑶　消費者庁における議論

　消費者庁では、「第4期消費者基本計画のあり方に関する検討会」[2]が平成29年10月から平成30年12月にかけて開催されました。

　検討会では「消費者による悪質なクレーム」、本書でいうところのカスハラについて、以下のような議論がされました。

① 消費者による悪質なクレームの是正に向けて消費者教育が必要

② 倫理的消費（消費者それぞれが各自にとっての社会的課題の解決を考慮したり、そうした課題に取り組む事業者を応援しながら消費活動を行うこと）の普及・推進という視

2　消費者庁ホームページ https://www.caa.go.jp/policies/policy/consumer_policy/basic_plan/basic_plan_fourth/

点が重要な課題

③　事業者によるクレーム対策の体制整備（従業員の教育研修、マニュアル作成、事業者内での連携）等が特に求められている

④　SDGsの目標12「つくる責任、使う責任」や目標8「働きがい、経済成長」にも配慮した倫理的消費の普及が求められている

⑤　いわゆるクレーマーの問題については本当に難しい。第一にそもそも一般にクレーマーといわれているものは本当にそうなのか、企業サイドと消費者サイドで認識が違うのではないか

⑥　消費者の心理分析、なぜそこまで攻撃的になるのか等の分析も重要

5　クレームとカスタマーハラスメントの区別

　会社が、クレーマーからクレームを受け、そのクレームがカスハラである場合には、第2章で述べている対応策に従って、組織、すなわち、会社として対応する必要があり、そうすることが会社として従業員に対する安全配慮義務を履行したことを意味します。

　本章1において、会社がクレーマーから受けるクレームのなかには、①会社の事業改善や経営改善等につながる会社にとってポジティブなもの、②会社の事業改善や経営改

善等につながることのないものであるが、その内容や態様が悪質とまではいえないもの、③会社の事業改善や経営改善等につながることのないものであり、その内容や態様が悪質なもの、に分類し、①②③をあわせて「クレーム」、このうち③のみをカスハラと区別し、カスハラとは「会社がクレーマーから受ける悪質なクレーム」と定義しました。

　しかしながら、このような定義だけでは、実際に、担当者が、クレームに対応する際に、そのクレームがカスハラに当たるかどうかを判断することができず、会社としての対応にシフトできない場面が想定されます。そこで、会社にとってどのようなクレームがカスハラに当たるのかについて、より詳細な定義づけを行う必要があります。第2章でも詳述していますが、どのような主張や態様が悪質といえるかについては、客観的に定めておくことが有効です。判断要素としては、例えば、根拠もなく金銭的要求を行うこと、1日3回以上電話してくること、事実関係について説明することなく上司や経営者と連絡をとれるように要求すること等を判断要素として定めておくとよいと思われます。

　このように明確な基準を設けておくことによって、担当者は、クレーマーからのクレームがカスハラに当たるかを判断することができ、担当者が、カスハラに当たると判断

した場合には、事業部や相談窓口に相談したうえで、組織、すなわち、会社ないし同事業部で対応することが可能となり、担当者のクレーマー対応による過度な負担を軽減できます。

第 2 章

カスタマーハラスメント
対策 Q&A

A 苦情・クレームとカスハラの違いは、正当な要
求か、理不尽な要求か、という点にあります。
カスハラの特徴としては、以下のような点があげられ
ます。

① 対応者の揚げ足をとることに終始し、議論がかみ
合わず、事態の収束が見込めない

② 「顧客」の立場にあるという優位性を振りかざし、
特別な対応を求める

解 説

1 カスハラとは

カスハラとは、一般的には「クレーマーによる悪質な嫌
がらせ」を意味します。

営業の現場では、「クレーマーから苦情を言われた」「ク
レーマーからクレームをつけられた」ということもよくあ
ります。

カスハラと苦情・クレームの使い分けについての考え方
は様々ですが、決定的な違いは、正当な要求か、理不尽な
要求か、という点にあります。

苦情・クレームを否定的にとらえる向きもありますが、「苦情・クレームは宝の山」という考え方もあります。苦情・クレームは、会社の業務設計や運用上の問題が表面に現れたものであり、日頃の業務の品質改善やリスク管理の高度化の端緒であるとも考えられます。会社には、自らのサービスの向上のために、苦情・クレームをきっかけに、その原因の分析を行い、会社の問題を特定し、改善につなげるということが強く求められています。会社が有する経営資源（ヒト・モノ・カネ）は限られていますので、苦情・クレームについて会社がこれに100％応えることが可能かという問題はさておき、少なくとも苦情・クレームは、これが達成されれば正しくサービスの向上につながるという正当な要求行為であるといえます。

　一方、カスハラは、苦情・クレームと同じく、会社に対する要求ですが、単なる苦情・クレームを超え、理不尽な要求です。カスハラが顧客による「ハラスメント（harassment）：嫌がらせ、人を困らせる行為」といわれるゆえんです。

　したがって、クレーマーからなんらかの要求がなされた場合に、これに対処する際には、まず、当該要求が、顧客としての「正当な」要求なのか、「理不尽な」要求なのか、を見極めることが重要です。

2　カスハラの例

①〜⑥は、理不尽な要求（カスハラ）の例です。

---

① 　土下座、謝罪文を要求する

② 　営業を妨害する

③ 　暴言、執拗な説教を行う

④ 　何度も自宅や会社に呼びつける

⑤ 　不合理な値下げを要求する

⑥ 　インターネット、SNS 等で誹謗中傷する

また、以下のような実例もあります。

（実例１）

　顧客がコンビニエンスストアの支払時に１万円札を出し、店員からお釣りとして先に小銭を渡されて、「紙幣のお釣りをくれない」と思い、店員に土下座させようとして当該顧客が逮捕された。

（実例２）

　顧客が衣料品店において着用ずみの洋服の返品を要求し、それが受け入れられないと次は「交通費を出せ」と店員を脅迫した。

（実例３）

　患者がクリニックのコールセンターに電話してきて「治

療したところに違和感がある」と訴えるので、「診察しないと状態がわからないので一度来院してほしい」と繰り返し伝えるも、患者は「時間がないから来院はできない」と言いつつ、「治療したところに違和感がある」と何度も執拗に連絡してきた。

3　カスハラの特徴

　カスハラの特徴としては、以下のような点があげられます。

---

①　「ああ言えば、こう言う」という感じに、対応者の揚げ足をとることに終始し、議論がかみ合わず、事態の収束が見込めない
②　自分は「顧客」（＝customer）の立場にあるという優位性を振りかざし、特別な対応を求める

　カスハラへの対応では、①会社の商品・サービスや対応に問題があるのであれば、その点について真摯に謝罪する、②会社の商品・サービスや対応に問題がなかったとしても、それが建設的な要求であれば業務の品質改善やリスク管理の高度化のヒントとする、③要求に応える法的義務がないとしても、それに応える正当性が見出せるのであれば、経営判断として相応のサービスを行う、④要求自体が

理不尽なものでそれに応える正当性が見出せないのであれば、応じられない旨を毅然と回答する、ということが基本だといえます。

Q2 カスハラの前提となる事実はどのように把握し分析すればよいか

A 発生した事象とその後の対応について５Ｗ１Ｈを明確にしたうえで、時系列に沿って把握することが必要です。事実の把握に際しては、漏れがないことと正確性が重要です。分析は、様々な観点から多角的に行う必要があります。判断がつかない場合、本部や弁護士等の意見や助言を仰ぐことも有益です。

解 説

1 事実把握の際の留意点

　発生した事象とその後の対応について、５Ｗ１Ｈ（Who（だれが）、When（いつ）、Where（どこで）、What（何を）、Why（なぜ）、How（どのように））を明確にしたうえで、時系列に沿って、把握することが必要です。

　整理した事実関係をもとに、具体的な対応方針を定め、対応者が対応することになりますが、事実関係に漏れがあると、悪質クレーマーから事実を突きつけられたときに、「そのような事実はありません」「その点については当方から○○のように伝えています」というような明確な回答ができなくて、対応に窮してクレーマーとの交渉上不利にな

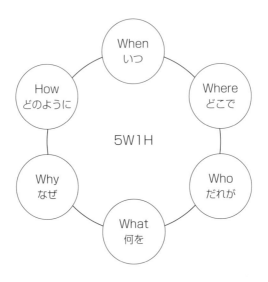

りMS。したがって、事実関係を把握する際には、特に悪質クレーマーとの直接のやりとりについては、細かなことも大きなことも正確に把握することがきわめて重要です。

また、形容詞や副詞には個人の評価が含まれているので、これらは用いず、ありのままの事実だけを記載するということも重要です。例えば、「速やかに対応した」という記述には「速やかに」という副詞が含まれていますが、対応が速やかだったかどうかは評価が分かれることが十分考えられますので、「17:42にクレーマーから要望があり、17:47にこれに対応した」というような記載が望ましいといえます。正確な時間がわからなければ、単に「相手から要望があり、これに対応した」と記載すべきです。

2　事実把握の方法

　事実把握は、関係者からのヒアリング、業務日誌、録画画像、録音テープなどで行います。事実関係をまとめたメモ内容がこれらのどの資料から引用したものであるかが明確にされていると、対応者は事実の正確性がどの程度確保されているかを把握することができます。

　一方で、クレーム対応は「迅速に」が基本ですので、正確さにこだわるあまりその把握が遅れると対応が後手に回り、悪質クレーマーの怒りが増幅してしまうというリスクがあります。正確さを心がけつつ、迅速に事実関係を把握することが肝心です。

3　事実の分析

　事実関係を時系列に沿って把握した後は、これを分析し、対応方針を決定する必要があります。事実関係の分析は「悪質クレーマーは何を求めているのか」「会社はそれに応じる法的義務や必要はあるのか」「悪質クレーマーの要求を断った場合に、会社にどのようなリスクが発生するのか」といった観点から多角的に行う必要があります。

　事案によっては、高度な法的問題が絡むケースもありますので、そのような場合には、本部や弁護士等の第三者の意見や助言を仰ぎ、対応方針を決定し、対応方針が決定し

たら、速やかに当該対応方針に即して悪質クレーマーと交渉することが重要です。

　ここでも対応が遅くなると、悪質クレーマーに負い目を感じたまま交渉することになり不利になりますので、カスハラ対応の要点である「迅速に」ということを徹底すべきです。

Q 3 「やるべきこと」と「やらないこと」
の線引きはどのようにすればよいか

A クレーマーからの要求を行う義務があれば、原
則として、行わなければなりません。義務がな
く、クレーマーの要求事項が一般人の感覚からして理
不尽と認められるものであれば、行わない方向で検討
する必要があります。

解 説

1 対応しなければならない事項

クレーマーからの要求を行うか、行わないかを決定する
必要があります。その際に、第一に重要なことは、会社が
法令や契約に基づき、クレーマーの要求事項を行う義務が
あるか否かという点です。会社がクレーマーとの間でク
レーマーからの要求事項を行うことを合意しているのであ
れば、これを行わないとクレーマーから訴訟を起こされた
場合に敗訴することになり、損害賠償の対象になります。
したがって、法令や契約に基づき、クレーマーの要求事項
を行うべき義務があれば、原則として、行わなければなり
ません。

2 会社が対応すべきか否か決定すべき事項

　法令や契約に基づいてクレーマー要求事項を行う義務がなくても、クレーマーの要求事項が一般人の感覚から行うことが会社として求められているのであれば、行う方向で検討する必要があります。「一般人の感覚」というと難しく感じるかもしれませんが、簡単にいうと「常識」です。

　「法的義務はないものの、相応の対応はありうる」というクレーマーからの要求事項について、どこまでの対応を行うかということはあくまで会社の経営判断によります。

　誤解されがちなのは、「ほかにより良いサービスがあれば、これを行わないのは会社側の落ち度である」と考えてしまうことです。この点は、会社の決めの問題であり、①競業他社の動向、②他事案との平仄、③これを実施するために必要なヒト、モノ、カネ、時間、④レピュテーションリスク、⑤過剰要求の呼び水となるリスクなどを考えて経営判断し、従業員が自信をもって「わが社においてはその要求には応えないことにしております」というように毅然とした対応ができるように、あらかじめ従業員に周知徹底しておくことが重要です。

3 対応すべきではない事項

　一方で、法令や契約に基づきクレーマーの要求事項を行

うべき義務がなく、クレーマーの要求事項が一般人の感覚からして理不尽と認められるのであれば、行わない方向で検討する必要があります。会社は、正当なクレーマーの要求には真摯に対応する必要がありますが、理不尽な対応に応えることは百害あって一利なしです。いったん理不尽な要求に応えてしまうと、同じクレーマーや他のクレーマーから同様の要求があった場合にこれを断ることが困難になり、相当のヒト、モノ、カネ、時間を割かざるをえなくなります。会社は、理不尽な要求については、安易にこれに応えるべきではなく、毅然とこれを断ることが重要です。

4 個別事案への対応

　線引の指針ですが、個別の事案では、例外的な対応をとらざるをえない場合も想定されます。個別の具体的な事案は、各社が、当該要求事項に応えるために必要なヒト、モノ、カネ、時間、要求事項を断った場合のリスク、要求事項に応えた場合のリスク等を勘案して、これに対応するか経営判断する必要があります。

Q4 カスハラを未然に防止するためにはどのような対応をとるべきか

A カスハラを完全に未然に防止することは不可能ですが、会社としての対応方針を明確に定め、これが社内外に浸透していれば、相当程度、カスハラを未然に防止することはできます。

解 説

1 カスハラを未然に完全に防ぐことは不可能

カスハラを完全に未然に防止することは不可能です。なぜなら、カスハラは悪質クレーマーによる理不尽な要求行為だからです。悪質クレーマーが人である以上、その人自身の気質によりそもそも理不尽な要求が繰り返されることがあり、また日常は理不尽な要求行為を行わない人であっても、対応者の態度や言動によって、激昂するなどして理不尽な要求行為を行う可能性があるからです。

2 未然防止のための態勢整備の必要性

カスハラに対する態勢がきちんと整備されている会社であれば、理不尽な要求行為が行われても、これにしっかり対応することができます。また、そうした対応の積み重ね

によって、「あの会社は理不尽な要求に安易に応えることなく、毅然と対応する」という社会的評価が浸透し、結果として、カスハラを未然に防止することができます。カスハラを行おうとする悪質クレーマーは、その態勢が弱い、すなわち「理不尽な要求が通る」「クレームをいうと慌てふためく」という会社をねらう傾向があります（カスハラは弱きに流れる）ので、カスハラ対応の態勢整備について相応の初期投資が必要だとしても、結果としてみれば、態勢整備を行うことで未然防止につながり、トータルでは、カスハラ対応に割く経営資源が少なくてすむことになります。

　したがって、まずはカスハラが起こった場合に、これに適切に対応することができるよう組織をあげて社内態勢の整備に取り組むことが重要です。

A 担当者は対応した悪質クレーム案件を集積・管理しましょう。その際、担当者から報告を受けた悪質クレーム対応を集積し管理する責任者を確定しましょう。データベース化した過去の悪質クレーム案件から典型例をピックアップし、ケーススタディとして、社内勉強会・研修会を開催して、社内で共有し、現場対応のスキルアップを図りましょう。

解 説

1 過去に対応した悪質クレーム案件を集積・管理する

　会社は、担当者が対応した悪質クレーム案件を集積・管理しましょう。その際に、悪質クレーム案件の集積・管理方法を決めておきましょう。具体的な悪質クレーム案件の集積・管理方法の例としては、社内の共有フォルダに「悪質クレーム案件」というフォルダを作成し、折衝記録を保存し、社員がいつでも閲覧できる状態にするということが考えられます。このように悪質クレーム案件の集積・管理方法を決定したとしても、集積・管理方法管理者を特定し

ていない場合、せっかく、過去のクレーム案件を集積して
も、そのデータを利活用しなくなってしまうおそれがあり
ます。そこで、集積した悪質クレーム案件を管理する責任
者を特定しておきましょう。

　なお、情報管理責任者を特定し、悪質クレーム対応等が
情報として集約・管理できていることは、悪質クレーム対
応について弁護士に委任した際に、弁護士がスムーズに事
件処理を行うことができるという意味でも有効です。

2　悪質クレーム案件をデータベース化するまでの時間を設定する

　悪質クレーム案件のデータベースを作成するにあたっ
て、より多くの悪質クレーム案件がデータとして集積され
ているほうが有益なデータベースとして機能します。そこ
で、より多くの悪質クレーム案件をデータベース化するた
めに、担当者が顧客から悪質クレームを受けた際には、何
日以内にデータベースに登録すべきかをあらかじめ社内で
決めておきましょう。これにより、対応した悪質クレーム
案件をできる限り、漏らすことなくデータベース化できま
す。

3　社内勉強会を開催し社内で共有する

　過去に対応した悪質クレーム案件について、社内でデー

タベース化したのちには、社内で多く発生している悪質ク
レーム案件について、ピックアップしましょう。

　そして、ピックアップした典型的な悪質クレーム案件を
ケーススタディとして、社内勉強会等を開催し、担当者や
責任者の悪質クレーム案件での現場対応のスキルアップを
図りましょう。具体的には、典型的な悪質クレーム案件に
ついて、悪質クレーマー役と担当者役に分かれ、ロールプ
レイングを行い、現場を疑似体験しておくといった方法が
考えられます。

4　実際の悪質クレーム案件に対応しベータベース化する

　社内勉強会等で学んだ悪質クレーム案件への対応方法を
実践し、対応した悪質クレーム案件をデータベース化しま
しょう。

　このようなサイクルで対応することで、より円滑に悪質
クレーム対応をすることができると思われます。

A 　悪質クレーマーは１つのクレームを会社の複数の部署に申し立てる傾向にあります。対応部署が複数になってしまうと、どうしても会社の言動に矛盾が生じてしまう危険性が否定できませんし、情報連携が困難になります。したがって、「窓口の一本化」は、とても重要です。

解 説

1　会社の言動に「矛盾」が生じることの危険性

　悪質クレーマーは、１つのクレームを、会社の複数の部署に申し立てる傾向にあります。例えば、該当支店にクレームを行っていたとして、該当支店からは自らの満足する結論や譲歩を引き出せない場合に、該当支店で適当にあしらわれているのではないか等の理由から、本店に連絡を行うことはよくあることです。また、まったく関係のない支店にクレームすることもあります。

　複数の部署でそれぞれ対応すると、どうしても対応するそれぞれの部署での言動に矛盾が生じてしまいます。こうなってしまうと、その矛盾をついたクレームに発展するこ

とは必至です。なかには、この矛盾を引き出すためにあえて複数の部署に連絡をとる悪質クレーマーもいるように思われますし、「本店のほうはこのように言っていたよ」と、真実に反した、いわば鎌をかけてくる場合もあります。「矛盾」が生じてしまうことは、悪質クレーマーの思う壺といえます。悪質クレーマーには「組織としての対応」を徹底する必要があり、言動に矛盾が生じてはなりません。

2 「窓口の一本化」のメリット

　悪質クレーマー対応では、まず、会社として対応窓口を決める必要があります。

　対応窓口を複数にすることもありえないことではありませんが、こちらの言動に矛盾を生じさせないようにするため、精緻な情報連携を行う必要があり、相当の労力が必要となります。

　対応窓口を１つとすることは、悪質クレーマー対応において、シンプルかつ効率的な方法であり、これが原則となります。

　これは、あくまで悪質クレーマーへの対応窓口を一本化するものにすぎません。

　対応内容に関する意思決定等については、会社が行う必要があります。当たり前のことですが、悪質クレーマー対応を対応窓口に丸投げせよという趣旨ではありません。

この点、対応窓口を、現にクレームが生じた現場とするのか（支店・営業所）、本部の苦情対応部署等が行うのかについては、クレームの性質・経緯等の実質的内容や、悪質クレーマーとの距離のような物理的要素を総合的に勘案し、会社にとって、いちばん合理的な方法を選択すべきです。

　会社が、対応窓口の一本化を行っても、悪質クレーマーが、別の部署への連絡を継続する場合もあります。これについての特効薬はありません。「本件の対応窓口は当部署です。別のところへ連絡されても当部署に連絡してくださいとお伝えすることになります」等と繰り返し伝え、「窓口の一本化」を徹底していく必要がありますが、不思議なものでそのような対応を繰り返しているうちに、悪質クレーマーも対応窓口へ連絡してくるようになる場合が多いものです。

Q7 悪質クレーマー対応の鉄則は何か

A 　悪質クレーマー対応の鉄則は、「組織としての対応」です。悪質クレーマーは、会社の担当者を個人攻撃し会社から引き離し、個人の弱みに付け込み「綻び」を生じさせ、その綻びを理由に会社を攻撃する行動をとることがあります。会社は、そのようなやり方に屈してはなりません。

解 説

1　悪質クレーマーの行動原理

　悪質クレーマーの目的は、例外的な場合を除けば、会社から、経済的利益（譲歩）を獲得することにあります。会社の弱みに付け込んでお金を得たい、というものです。

　そのために、暴行・脅迫のような社会的相当性を逸脱する方法を含め、様々なやり方で、会社をやり込めようとします。悪質クレーマーの不合理な要求に対して、会社は安易に応じてはならず、毅然とした対応を行う必要があります。一方で、会社が「組織としての対応」を徹底できず、「綻び」が生じた場合には、悪質クレーマーに攻撃の糸口を与えることとなってしまいます。

この点、悪質クレーマーからのものだけに限らず、苦情は会社の活動に対して行われるものであり、その苦情への対応は、本来的にも、会社として一枚岩で行うことが筋なのです。

　ところが、悪質クレーマーは、会社の担当者を個人攻撃し（あるいは秘密を共有し）、会社から引き離し、その個人の弱みに付け込み「綻び」を生じさせ、その綻びを理由に会社を攻撃する戦略をとることがあります。また、会社の複数の部署に連絡のうえ、様々な発言をさせたうえでそのなかから矛盾を生じさせ、その「綻び」を武器にして会社を攻撃する場合もあります。

2　鉄則：「組織としての対応」

　いずれにしても、悪質クレーマーは、会社に「綻び」を生じさせ、それを武器に会社からお金を引き出したいわけですから、それに対応する会社は、そのようなやり方に屈してはならず、「組織としての対応」を徹底し、「綻び」を生じさせないようにする必要があるということとなります。

　悪質クレーマーが、この会社は一枚岩で、「綻び」を生じさせることは無理だな、と考えるようになれば、効率性の観点から当該会社を攻撃することを諦め、多くの場合、クレームは終了することとなります。「組織としての対応」

が徹底されていると悪質クレーマーに認識させることは、クレームを終了させるためのいちばん効率の良い方法です。

　「組織としての対応」は、単なる抽象論ではありません。対応の悩ましい様々な局面において、その処方箋を提供してくれる、まさに悪質クレーマー対応の鉄則と考えます。

Q 8 基本方針はどのように立てればよいか

A 場合分けをして、その場合ごとに基本方針を立
てましょう。最終的な対応方法について決定し
ておきましょう。

解 説

1 悪質クレーム案件対応の流れ

悪質クレーム案件の対応には、①情報収集、②対応方針
決定、③対応、の3つの場面があります。以下それぞれの
場面におけるポイントについて述べます。

2 情報収集の場面

情報収集の場面では、3で述べる対応方針の決定をする
ことができるだけの情報を収集することが重要になりま
す。具体的には、以下のとおりに行います。

① 顧客の話によればどういう5W2H（5W1H）なの
か

② 当方の話によればどういう5W2H（5W1H）なの
か

③ ①と②を分ける重要な事実は何か

④ 顧客の主張態様がどのようなものか

①～④で明らかとなった情報をもとに、3で述べる対応方針の決定をすることになります。

3 対応方針決定の場面

クレーム案件の対応方針の決定では、以下の4つの場合に分けてそれぞれ対応方針をあらかじめ決めておきます。

A 提供した商品やサービスに問題がある場合
例：売った商品に穴が開いていた場合

Aの場合には、クレーマーからのクレームに理由があり、適切な商品等を提供するという対応をとるべきです。なお、ここでは、クレームの態様が社会通念を逸脱しているかどうか、例えば、電話を執拗にかけてくるといった態様かどうか、という点については、別途検討する必要があります。

B 提供した商品やサービスに問題はなく対応に社会通念上問題がある場合
例：きちんとした商品を売っているが、釣り銭を投げた場合

Bの場合には、クレーマーからのクレームには理由があります。ここでは、適切な対応を可視化しづらいという難

点があるのが特徴です。例えば、適切な慰謝料がいくらかはだれにもわからない点をふまえて、会社として、金銭的な解決を含めて対応するかどうかの方針を決定しておくべきです。

C　より適切なサービスがありえる場合

例：冷たい商品と温かい商品を同じ袋に入れた場合

　Cの場合には、当不当の問題にはなりえても違法の問題は生じません。会社は、あらかじめ、どこまでのサービスを容認するかを決定しておくべきです。

D　A〜C以外で悪質クレーマーの場合

例：電子レンジで猫を乾燥させてはいけないと書いていなかったので、雨に濡れた猫を乾燥させたら死んでしまった、金はいらないから猫を返せといっている場合

　Dの場合には、一般的な考え方からすれば、とらない行動を悪質クレーマーがとったことにより、損害が生じたとして、悪質クレームをつけてきている場合です。会社として、悪質クレーマーの要求に対していっさい応じないという対応を含めて方針を決定しておくべきです。

4　対応の場面

　会社は、3で述べた場合ごとに対応方針を立てて、対応

することとなりますが、法的対応すべきところ、ビジネスジャッジすべきところについてあらかじめ指針を定めておくべきです。

Q9 対応マニュアルはどのように作成すればよいか

A マニュアルを作成する意味について理解しましょう。自社における悪質クレーマーの定義を明確にしておきましょう。会社で多い悪質クレーム案件をパターン化しましょう。

1 マニュアルを作成する意味

悪質クレーマーの対応マニュアルを作成し、同マニュアルどおりの対応をすることの意味は、クレーマー案件が訴訟等の法的紛争になり、言った言わないという争いになった場合に、会社としてマニュアルどおりの対応を行ったであろうと裁判所に推認させることにあります。

会社としては、このような最終的な場面を想定してマニュアルを作成し、同マニュアルに従って対応することは重要です。

2 自社でのクレーマーの定義

まず、会社は、対応マニュアルを作成するにあたり、自社におけるカスハラの定義を明確にしておきましょう。こ

れは、担当者が、カスハラに当たる案件であるか、対応マニュアルにのっとって対応すべきかどうかを判断するうえで、必須のものであるからです。

　いわゆるカスハラとは、会社がクレーマーから受ける悪質クレームと定義づけています。しかし、「悪質」とは、評価を含むもので、より具体的に定義づけを行う必要があります。そこで、会社は、どのようなクレームが、悪質クレームに当たるかについて対応マニュアルで明確に定めておく必要があります。

　どのようなクレームが、悪質クレームといえるかは、客観的に定めておく必要があります。判断要素としては、根拠もなく金銭的要求を行うこと、1日3回以上電話してくること、事実関係について説明することなく上司や経営者と連絡をとれるように要求することなどといった内容を判断要素として定めておくとよいと思われます。

　担当者は、明確な基準によって、悪質クレーマーかどうかを判断することができます。

3　悪質クレームのパターン化

　悪質クレーマーには様々なタイプが存在するので、それぞれに対応できればよいように思われます。しかし、担当者にとっては、悪質クレーマーごとに個別の対応をしなければならないとされた場合、個別の判断を迫られ、大きな

負担となってしまいます。そこで、担当者は、会社があらかじめ用意したパターンに当てはめて対応すべきです。このように対応することで、担当者としては、できる限り個別に判断する必要がなくなり、自信をもって対応でき、悪質クレーマーに主導権を渡すことなく、処理することができます。また、担当者にとっては、マニュアルどおりに対応したことで、尽くすべき義務を尽くしたといえ、後に会社から責任追及されることもなくなり、予見可能性をもって対応することができるというメリットがあります。

　マニュアルを作成するにあたっては、過去の悪質クレーム案件の折衝記録等を整理し、パターン化してください。過去の悪質クレーム案件の折衝記録等を整理することで、会社あるいは担当部署で過去の悪質クレーム案件をデータベース化するきっかけにもなります。

A 悪質クレーマーとの折衝はどうしても長時間に
わたることが多く、同じやりとりが繰り返され
るため、少し時間がたつと、その内容を忘れてしまい
がちです。悪質クレーマーとの折衝はとても疲弊する
ものですが、鉄則はその直後に一念発起、折衝状況を
記録に残すことです。

解 説

1 折衝状況記録の重要性

悪質クレーマーとの折衝は何時間にもわたる場合もあ
り、折衝終了後には、もうそのまま帰ってしまいたい、た
まっている別の仕事をしたいとの衝動に駆られることとな
ります。

しかし、ここで重要なことは、折衝後に一念発起して折
衝状況を記録に残すことです。

悪質クレーマーとの折衝は、長時間にわたり、予期する
ことが必ずしも容易ではない悪質クレーマーの言動に、そ
の場で適切に反応する必要があるため、緊張の連続です。
同じようなやりとりが繰り返し行われるという特徴もあり

ます。そのような理由からか、悪質クレーマーとの折衝内容は、時間がたってしまうとすぐに忘れてしまいがちです。

　一方、悪質クレーマーは、本当はこちらがそのような発言をしていないのに、「前の交渉で、お前はこのように発言した」と、いわば鎌をかけてくることもあります。そのような不合理な主張に対しては、毅然と否定する対応をとるべきなのですが、記憶が不鮮明だとそのような対応が覚束なくなります。悪質クレーマーが、やりとりを録音している場合も想定されるため、不正確な記憶に基づき、事後の対応を行うことは、とてもリスクがあるものといわざるをえません。

　また、悪質クレーマーに「組織としての対応」を行うためには、会社内で折衝状況を正確に情報連携する必要があります。そのためにも、折衝状況の記録は、とても重要です。

2　折衝状況記録の副次的効果

　折衝状況を記録することの副次的な効果としては、悪質クレーマーへの牽制機能が働く場合があり、その過激な言動が事実上防げられることがあげられます。特に、悪質クレーマーの面前で、大きな字でメモを残す場合にこの効果が表れることが多いです。逆の言い方をすれば、悪質ク

レーマーと対応窓口部署が「秘密の共有」をすれば、それはこちらの弱みとなり、悪質クレーマーの思う壺となります。折衝状況を会社内で共有していることを悪質クレーマーに認識させることはこのような観点からも有用といえます。

　また、折衝状況を記録化するなかで、冷静に悪質クレーマーとのやりとりを振り返ることができ、客観的な観点から頭の整理をすることができます。悪質クレーマーと折衝している間は、思いつかなかったようなアイデアに、冷静さを取り戻したこの過程で、気づくこともあります。

　５Ｗ１Ｈに配意しつつ、客観的事実関係や悪質クレーマーの発言をできるだけ正確に記録として残すよう留意すべきです。

A その場で約束をしてはいけません。あなたが約束をすれば、それは会社が約束したこととなります。「ガキの使いか」と中傷されようが、組織決定のためには持ち帰る必要がある旨説明し、その場で約束しないことを堅持すべきです。

解 説

1 その場で約束せずに持ち帰ること

悪質クレーマー対応を行うなかで、悪質クレーマーから約束を迫られたり強要されることがよくあります。「名刺の裏に一筆書け」と強く言われたりする場面も想定の範囲内のことです。

ここで忘れてはならないのは、悪質クレーマーに対応するあなたは、あくまで会社の窓口として、悪質クレーマーと折衝している、といういわば当たり前のことです。あなたが約束をすることは、すなわち会社として約束をしたことになるのです。

会社が約束をするためには組織決定が必要で、あなたが独断で行えるものではないのは当然のことです。その場で

あなたが約束をせずに、持ち帰って会社として検討したいと述べることは社会的相当性の範囲内の行動であり、本来的に社会から悪評価を受けるべきものではありません。

悪質クレーマーはそれでは納得しないことが多く、「ガキの使いか」と中傷されることもあるかもしれませんが、組織決定のためには持ち帰る必要があることを繰り返し説明し、その場で約束しないことが肝要です。

2　曖昧な返事は「罪」

曖昧な返事がより物事をややこしくしてしまうことも、肝に銘じる必要があります。それにより悪質クレーマーが期待をもてば、その場はうまくとりなすことができるのかもしれませんが、後にそれを組織決定できないで悪質クレーマーの要求を謝絶しなければならなくなった場合には、悪質クレーマーから期待を裏切られたことによる強いリアクションが予想されます。「この場では、約束はできない。持ち帰り会社として検討のうえ、回答する」ことを明確に回答すべきです。

悪質クレーマーとの対応をするなかで、会社の回答ではなく、あなた個人の見解はどうなのか、それを回答せよと言われる場合もあると思います。しかし、冷静に考えてみれば当たり前のことですが、あなたはあくまで会社の担当窓口として悪質クレーマーと折衝しているにすぎません。

あなた個人としての見解は、会社と悪質クレーマーとの折衝には無関係なことで、これを表明する必要はありません。担当窓口となった人を個人攻撃し、会社から引き離してその人から譲歩の発言を引き出したうえで、それを材料に会社を攻撃するのは、悪質クレーマーの常套手段です。このようなことを求められても、上記同様の対応を行う必要があります。

A 悪質クレーマーのなかには、暴力・監禁等、あなたの身に危険を及ぼす行為をする者がいないとも限りません。悪質クレーマーの支配圏内に入るには複数人で、これは鉄則です。

解 説

1 複数人対応があなたを守る

悪質クレーマーのなかには、暴力・監禁等、あなたの身に危険を及ぼす行為を行う者がいないとも限りません。そもそも悪質クレーマーの支配圏内（例えば、悪質クレーマーの自宅等）で折衝を行うことは、相対的にこのような危険が現実化するおそれが高く、原則として、そのような場での折衝を行わないことが肝要といえます。

しかし、事案の性質や悪質クレーマーとの関係等から、その支配圏内での折衝が余儀なくされるケースがあります。その場合に、何よりも大事なことは1人ではなく複数人で対応する、複数人で悪質クレーマーの支配圏内に入る、ということです。

暴力・監禁等の悪質クレーマーの不法・不当な有形力の

行使についても、１人だとなす術がない場合でも複数人であれば、何とかなる場合があります。複数人のうちの１人が何とかその場から逃げ出し、警察等へ連絡して仲間を救助すればよいからです。

　何より、複数人で対応するだけで、悪質クレーマーへの牽制効果があり、悪質クレーマーのヒートアップを事実上抑え、そのような危険の発生を低減できます。

２　複数人対応は「秘密の共有」対策

　また、１人で対応すると、その場のことは、あなたと悪質クレーマーの２人しかわからないこととなり、「あなたが殴ってきた」等虚偽の主張をされた場合にも、あなたの反論を世が信じてくれるか、あなたの会社が信じてくれるか、いささか心もとない場合がありますが、複数人の場合は、ほかの人が「そんなことはなかった」と言ってくれる証人になります。

　悪質クレーマーと２人で交渉すること自体が、「秘密の共有」をしてしまいやすい状況にあるといえます。複数人対応をすることそれ自体が、悪質クレーマーに対し、「組織として対応」していることの事実上のアピールにもなり、このことが、担当者１人を不法・不当にやり込めても無駄という、よい牽制効果を事実上生じさせることとなるように思います。

A 　真摯な対応を心がけましょう。実務的な対応策としては、折衝するなかで、悪質クレーマーが言っているクレームの内容の整理を行うことを目指し、①議論をしないこと、②話をかみ合わそうとしないこと、③説得しないこと、④宿題をもらわないことを心がけるとよいでしょう。

解 説

1　折衝態度

　悪質クレーマーと折衝する場合、意思を強くもって毅然とした対応を行うのが原則になります。気の弱そうな対応をすると、悪質クレーマーを勢いづかせてしまうからです。他方で、売り言葉に買い言葉で対抗してしまっては、クレームが拡大するだけですので、落ち着いて冷静に対応することも重要です。

　悪質クレーマーを相手とする場合は、罵声を浴びせられたり、突飛なことを言われて動揺させられたりするため、なかなか難しいと思います。そこで、少なくとも真摯な対応を行う意識をもって対応するのがよいでしょう。具体的

には、相手の話をよく聞くこと、できないと明確に伝えること、きちんと説明をすること、約束した事項は守ること等です。このうち、約束を守ることは特に重要であり、些細な約束（例えば、明日午前中に電話する等）であってもこれをきちんと守ることで、悪質クレーマーとの間で信頼関係が醸成されることがあります。

　第三者が折衝のようすを客観的な視点でみた場合に、こちら側が真摯な対応をしていると受け取られるような対応を心がけるとよいでしょう。

2　実務的な対応策

　悪質クレーマーは、理解不能な論理や理不尽な理由で苦情を申し入れてきて、到底理解を示すことができないことが多くあります。また、逆にこちらの言い分を理解してもらおうと思っていくら説明をしても、理解してもらえないことが一般的です。

　そのため、実務的な対応策としては、折衝するなかで悪質クレーマーが言っているクレームの内容の整理を行うことを目指し、以下の4点を心がけるとよいでしょう。

⑴　議論をしないこと

　悪質クレーマーと議論をしてもクレームが解消することはなく、正論を述べたとしてもむしろ悪質クレーマーの怒りを買うことになることが多いので、議論はしないように

しましょう。

(2) 話をかみ合わそうとしないこと

悪質クレーマーとは話がかみ合わないことが多く、かみ合ったとしても新たなクレームのきっかけを与えることになりかねないので、話をかみ合わせようという意識は不要です。むしろ、こちらの言い分や回答の内容は、悪質クレーマーから何度聞かれても、繰り返すことを恐れずに同じ言葉で繰り返し伝える対応が望ましいといえます。

(3) 説得しないこと

悪質クレーマーに対して真正面から説得しようとしても、怒りを買うだけで説得できないことが多いので、説得はしないようにしましょう。

(4) 宿題をもらわないこと

悪質クレーマーから何か対応を求められたとしても、できる限りその場で対応することとし、対応を持ち帰ることは避けるべきです。どうしても持ち帰って対応する場合は、何をしなければならないかを明確にして持ち帰るようにしましょう。

Q14 面談では従業員はどのように折衝を
すればよいか

A 毅然かつ真摯に対応していることを折衝態度で
示すことになります。実務的な対応策として
は、面談は複数人で対応し、悪質クレーマーの言って
いることをメモにとって整理するとよいでしょう。

解 説

1 折衝態度

面談での折衝は、双方が相手の折衝態度をみることがで
きることに特徴があります。悪質クレーマーからこちらの
態度がみえるため、毅然と真摯に対応していることを折衝
態度で示すことが重要になります。

(1) ふさわしい服装での対応

面談での折衝において、見た目の印象は大事です。気弱
そうにみえたり、だらしない格好で対応をしたりすると、
悪質クレーマーに付け込まれてクレームが拡大する可能性
があります。毅然かつ真摯に対応していることを示すため
にも、面談折衝の場に即した服装で臨むべきです。

(2) 目をみる

折衝中は、悪質クレーマーの目をみて話を聞き、目をみ

て話すことが重要です。目をみないと、「何かやましいことがある」「適当に対応している」との印象を与え、クレームが拡大するおそれがあります。

(3) 話をよく聞き言い分をはっきり伝える

面談での折衝は、悪質クレーマーの折衝態度をみることができるため、悪質クレーマーが何に不満をもっているのか、どのような意図をもってクレームを言っているのか、他の折衝方法に比べると理解しやすいといえます。また、悪質クレーマーにこちらがきちんと話を聞いているか否かが伝わりやすいため、悪質クレーマーの目をみて話に耳を傾けていることを態度で示すことが重要になります。

他方、こちらからの言い分についても悪質クレーマーの目をみてはっきりと伝えると毅然かつ真摯な対応を印象づけることができます。

2　実務的な対応策

面談対応をする場合、悪質クレーマーからの暴言や暴力に備えて複数人で対応することが原則になります。

また、面談では、悪質クレーマーが論理的な整合性を無視して勢いでしゃべることが多いため、悪質クレーマーが言っている内容を面前でメモにとって整理することが有効です。メモにとることで、過激な言動を抑える効果があります。複数人で対応する場合は、1人はメモをとることに

徹し、やむをえず1人で対応する場合でも堂々とメモをとるようにしましょう。

　また、悪質クレーマーの性質によっては、有型力を行使されることに備える意味で、面談時に入り口に近い席に座り、逃げ道を確保しておくことも検討に値すると考えます。

Q15 電話ではどのように折衝をすればよいか

A 毅然かつ真摯に対応していることを声で示すことになります。具体的には、声は大きめでおどおどせずにはっきりと話すことが重要です。常に録音されていることを想定し、慎重に言葉を選んで冷静に対応する必要があります。場合によっては、こちらから録音していることを伝えることも有効な手段となります。

解 説

1 折衝態度

電話での折衝は、双方が相手の折衝態度をみることができず、声のみでやりとりすることに特徴があります。悪質クレーマーからこちらの折衝態度がみえないため、毅然と真摯に対応していることを声で示すことが重要になります。

声の大きさは、普段よりは大きめで話すことをお勧めします。大きい声で話すことで毅然とした対応を一定程度印象づけることができます。

なお、電話折衝では、悪質クレーマーがまくし立てるよ

うに話し続けるために、あなたが口を挟むことがなく、悪質クレーマーから「おい！　聞いているのか」と問われる場面がしばしばあります。この場面において「聞いています」と回答してしまうと、悪質クレーマーから「では、いま俺が言ったことを述べろ」と言われて困ってしまい、新たなクレームに発展するといったことが想定されます。そのため、上記のような場面では、「どうぞお続けください」と回答することが1つの対応策と考えます。

2　常に録音されていることを想定する

電話での折衝は、相手の表情をみることができないことから、誤解が生じやすく、後に、「言った言わない」の争いに発展する可能性が面談での折衝に比べて高いといえます。そのため、できるだけ誤解が生じないよう多少時間がかかっても、「あなたのお話はこのようなことでしょうか」と伝えるなどして悪質クレーマーが言っている内容の整理に努め、手元ではメモをとるようにすることが有効と考えます。

また、常に悪質クレーマーが会話を録音していることを想定して、言葉を選んで慎重に対応する必要があります。

3　録音していることを伝える対応

クレームがあまりに激しい場合には、会話を録音し、録

音していることを悪質クレーマーに伝える対応も有効な手段となりえます。悪質クレーマーによっては、会話を録音していることを伝えると急にトーンダウンする場合があります。

　なお、録音をしていることを伝えると、悪質クレーマーから「録音するな！」とか、「なぜ録音するのか」といった申入れがされることが想定されますが、これに対しては、「あなたの発言の内容を正確に把握するため、会話を録音させていただきます」とだけ伝えて、録音してしまってかまいません。

Q16 書面ではどのように折衝をすればよいか

A　書面には悪質クレーマーに伝えるべき事項を必要かつ十分に記載し、書き過ぎないことが重要です。また、書面の差出人を明示し、窓口となる担当者の氏名と電話番号を記載しておくとよいでしょう。悪質クレーマーの性質や書面の内容次第で郵送の方法を選択することになります。

解 説

1　書面での折衝のポイント

　書面での折衝には、文章を考える時間的余裕があり、文書が悪質クレーマーに渡り後の証拠となることに特徴があります。したがって、文章は推敲して悪質クレーマーに伝えるべき必要かつ十分な事項を記載するよう心がけることになります。余計な事項を記載すると、誤解を生んだり、クレームのきっかけになったりする可能性があるため、書き過ぎないことがポイントです。

　書面の作成にあたっては、書面を送付する目的を意識することが重要です。こちらから連絡をする目的であれば連絡の内容を、悪質クレーマーからの要求に対する回答をす

る目的であれば回答内容を、それぞれ端的に記載する必要がありますし、これまでの口頭での折衝状況を証拠化する趣旨であれば折衝内容を必要な範囲で記載する必要があります。ありがちな失敗例は、こちらに非がないにもかかわらず、特に意味もなく非を認めたような内容の文章を書いてしまって、後で悪質クレーマーから「お前たちも非を認めているではないか！」と指摘されてしまうことであり、この点には注意が必要です。

2　差出人と窓口担当者の明示

　書面の信用性を確保するため、書面には、差出人を記載する必要があります。

　また、悪質クレーマーが書面を受け取った後に、電話で接触を図ろうと考えることを想定して、窓口となる担当者の氏名と電話番号を記載しておくとよいでしょう。担当者の氏名と電話番号を記載しておかないと、悪質クレーマーから社長に連絡が入るという事態に発展するおそれがあります。

　FAX番号については、記載してしまうと悪質クレーマーから大量にFAX文書が送られてきて対応に苦慮する事態に陥る可能性があるため、あえて記載しない対応が望ましいと考えます。

3　書面での折衝を行う意義

　書面での折衝を行う意義は、主として交渉経過が証拠化され誤解が生じにくいところにありますが、それにとどまらず、それまでの口頭での交渉経過を証拠化することや、面談や電話での激しいクレームが一定程度収まるという意義もあります。

4　郵送の方法

　文書の内容によっては、普通郵便・特定記録郵便・配達証明付内容証明郵便などの郵送の方法を使い分けることになります。

　解除通知書や相殺の通知書などのこちらの意思が悪質クレーマーに到達することに法的な意義がある書面については、配達証明付内容証明郵便で送付することが望ましいといえます。

　このほか、相手から「届いていない」と言われると困るような書面については少なくとも特定記録郵便で送付して、郵便の追跡を行っておくことが有効です。この観点から、悪質クレーマーに書面を送る場合は特定記録郵便を使うことが多くなります。

　また、悪質クレーマーの自宅に文書を送る場合は、悪質クレーマーより「家族に連絡文書をみられたではないか。

どうしてくれるのか」とのクレームが入ることを防ぐた
め、封筒に「親展」と記載しておくことが望ましいといえ
ます。

Q17 メールではどのように折衝をすればよいか

A 悪質クレーマーとのメールでの折衝は原則として避けるべきです。どうしてもメールでの折衝を行わざるをえない場合は、メールで送付する文章は文書と同じ重みをもっていることを意識し、そのままメール内容が拡散されたとしても恥ずかしくない内容を記載する必要があります。

解 説

1 メールでの折衝のポイント

メールでの折衝は、文章を考える時間的余裕があることやメール文が悪質クレーマーに渡り後の証拠となることという特徴がある点では書面での折衝と同じです。

他方で、書面での折衝と異なる点として、安易に返信してしまいがちであること、拡散性が高いこと、連絡が頻繁になってしまうことという特徴があり、悪質クレーマーとの折衝をする場合は、できる限りメールでの折衝を避けることが望ましいといえます。

仮にメールでクレームを受け付ける体制をとっていたとしても、受け付けた苦情にはメールで返信しないという対

応もありうると考えます。

　どうしてもメールでの折衝を行う必要がある場合には、メール文が書面と同じ重みをもっているという意識をもち、文章は推敲して悪質クレーマーに伝えるべき必要かつ十分な事項を記載するよう心がけることになります。また、メール文は簡単に転送されるため、書面よりも情報の拡散性が高いといえます。そのため、メール文がそのまま拡散されても恥ずかしくない内容になっているかも慎重に確認する必要があります。

2　実務的な対応策

　メールでの折衝を行わざるをえない場合は、悪質クレーマーとの連絡が頻繁になってしまうことを避けるために、すぐに返信するのではなく、あえて返信するまでの時間を空けてクールダウンの期間を設けるという対応策も考えられます。

　社内の関係者のメールアドレスに悪質クレーマーからメールが入ることを避けるため、社内の関係者を CC に入れてメールすることは避け、情報共有する際にはメール文を社内の関係者に転送するかたちで行うことが望ましいと考えます。

　また、悪質クレーマーが情報共有したいと考えている人物のメールアドレスをたくさん CC に入れて送ってくる場

合であっても、窓口を一本化する趣旨で全員に返信することはせず、悪質クレーマーのメールアドレスのみを宛先に入れて返信する対応が望ましいでしょう。

Q18 悪質クレーマーの自宅や職場ではどのように折衝をすればよいか

A 　悪質クレーマーの自宅や職場での折衝は原則としては避けるべきです。どうしても対応せざるをえない事情がある場合は、折衝対応は複数名で行います。面談の予定を決める際に、訪問する担当者の氏名と人数を伝えて悪質クレーマーの了解をとり、面談時間についてもあらかじめ決めておくことが理想です。

解 説

1　原則として避けるべき

　悪質クレーマーの自宅や職場で折衝を行うとなると、不測の事態が起きる可能性があるため、原則としては避けることが望ましいといえます。

　とはいえ、こちらに非があって謝罪する場合や、悪質クレーマーがお年寄りや障害者で移動することが負担になる場合、悪質クレーマーの家に行って物をみなければ話ができない場合には、やむをえず悪質クレーマーの自宅や職場に出向いて折衝対応することになります。

2　複数名での対応

　相手方領域内で折衝する場合には、複数名での対応の必要性はより高まることになります。

　もっとも、悪質クレーマーの自宅や職場での支配権は悪質クレーマーにある以上、そこにだれを入れてだれを入れないかは悪質クレーマーが決定できることになります。そのため、あらかじめだれが来訪するかを悪質クレーマーに伝えて了解をとっておかないと、いざ折衝のために来訪した際に、「お前以外の者が来るとは聞いていない。お前以外は入るな！」と悪質クレーマーが言い出して、折衝ができない事態に陥るおそれがあります。

　このような事態に陥らないよう、面談折衝のアポイントメントを取得する際に、来訪する担当者の氏名と人数を伝えて悪質クレーマーの了解をとっておく必要があります。万一、悪質クレーマーが「その担当者は気に入らないから来るな」と言うような場合は、「そうであればその場では折衝できません」と伝えて訪問対応を謝絶することも検討することになります。

3　長時間にわたる事実上の拘束への対応

　相手方領域内における折衝が長時間にわたり悪質クレーマーより事実上の拘束がなされるような事態を想定して、

折衝の開始から一定の時間が経過しても折衝担当者からの連絡がない場合には、別の担当者から電話での連絡を入れてもらい、折衝打ち切りのきっかけをつくるなどの準備をしておくことも有効です。

　アポイントメントを取得する際にあらかじめ折衝時間の上限を決めておくという対応もありうるところです。

4　その他

　悪質クレーマーの支配領域から緊急的に避難する必要が生じる場合に備えて、紐靴での訪問を避けることも一考に値すると考えます。

Q19 長時間に及ぶ折衝ではどのように事前の準備をすればよいか

A 会社は、折衝を担当する者を複数名用意し、折衝では、目的の確認、終了時刻の伝達、録音している旨を通知することが望ましいといえます。また、終了時刻を想定しておき、その時間になるとほかの担当者が入室して、時間を伝えるなどして、折衝打ち切りのきっかけを与えることも有効です。

解 説

1 事前準備の必要性

会社としては、カスハラ行為が想定される折衝でなんらの準備もなく対応すると、対応する従業員が疲弊する一方、得られるものが少ない折衝となりかねません。

カスハラ行為を行う悪質クレーマーの属性や、事案の概要に応じて準備事項は様々ですが、会社としては、主として、2のような準備を行うと効果的です。

2 準備事項

(1) 複数名での対応

カスハラに限らず、悪質クレーマーに対しては、担当者

１名に対応を任せるのではなく、複数名で対応させること
が原則となります。１名で対応すると担当者の精神的負担
が大きく、冷静で適切な対応をとることが難しくなりま
す。また、悪質クレーマーによっては、暴力的な行為に及
ぶ可能性もあり、その際、１名のみの対応となりますと、
不測の事態が生じる可能性があります。

　このように、悪質クレーマー対応という観点からも、会
社の従業員に対する安全配慮義務の観点からも、会社側の
対応としては、特別な事情でもない限り、２〜３名での対
応を行う必要があります。

(2) 目的の確認

　長時間の折衝となる事案では、悪質クレーマーが同じこ
とを繰り返したり、無関係の話を行う等により長時間とな
ることが多いと思われます。折衝の最初の段階で目的を確
認する（悪質クレーマーが折衝を求める事例では、謝罪を求
めるのか、一定の質問に対し会社側の回答を求めたいのか等を
確認し、会社側が折衝を求める事例では、折衝の目的を伝える
ことになります）ことができれば、その目的に対して会社
側の方針を伝えると悪質クレーマーの目的は一応達成され
ることとなり（満足いく方針か否かはともかく）、同じこと
を繰り返す悪質クレーマーに対しては、「先ほど回答した
とおりで、本日はこれ以上の回答はいたしかねます」とし
て折衝を打ち切る契機にもなります。また、無関係な話に

ついても、軌道修正を図りやすくなるという利点があります。

　なお、カスタマーハラスメント行為を行っている悪質クレーマーに対し、目的を確認することは容易ではないこともあり、対応する従業員としては躊躇することも想定されます。その場合でも、目的を確認することのメリットを従業員に理解してもらい、悪質クレーマーへの説明の仕方としては、「会社側のルールで、最初に目的を確認することとなっている」等として、できる限り目的を確認するよう努めさせることが望ましいといえます。

⑶　**時間の確認**

　対応する時間をあらかじめ定め、相手方に伝えるということも有効な対応の１つです。折衝場所が会社側の事務所等であれば、事務所等の使用時間がある、あるいは担当者に次の予定がある等として、終了時刻を告げることが望ましいといえます。折衝場所が外部でも、担当者に次の予定がある等として、終了時刻を告げることを心がけましょう。

　悪質クレーマーからすると、「次からは後ろに予定を入れるな」等として別途のクレームを述べる可能性もありますが、事案に応じて一般的な対応時間（30分〜長くても２時間程度）を超えるものについては、悪質クレーマーの言い分に拘束される必要はなく、「会社という組織で動いて

いる以上、長時間の対応を続けるということは難しく、ほかの予定にも対応する必要がある」等として、予定終了時刻を超える対応は難しい旨を明確に伝えておきましょう。なお、終了時刻が近づくと、別の担当者が折衝場所に入室するなどして、終了時刻を折衝担当者や悪質クレーマーに伝えることは、折衝の打ち切りの契機ともなるため、有効な対策です。

⑷ 録音等の準備

カスハラに限らず、悪質クレーマーとの折衝については、後日の法的措置も念頭に、録音（事案に応じて録画も検討）を行い、対応を証拠化する必要があります。

録音していることについて、悪質クレーマーに伝える必要はありませんが、長時間の折衝が予想される悪質クレーマーに対しては、あらかじめ録音をする旨を伝えておくと、悪質クレーマーも録音を意識した対応を行う可能性があり、結果的にハラスメント行為が弱まる可能性もあります。

なお、録音を伝えた場合、「プライバシーの侵害である。私は認めない」等の対応をする相手方も想定されます。これに対しては、「社内のルール上、録音することが求められている。それを拒絶されるというのであれば、申し訳ないがお話はできない」等として折衝を打ち切るという対応が考えられます。

顧客が従業員を長時間拘束した場合、
従業員はどのように対処すればよいか

Ａ　あなたとしては、事案に応じた判断にはなりますが、一般的には、折衝の目的が終了し、それ以上の折衝が無意味だと判断され、かつ、常識的な対応時間が経過している、あるいは、あらかじめ通知した終了時刻を経過しているのであれば、クレーマーが了解しない場合でも折衝を打ち切ることになります。

解 説

1 長時間の拘束が顧客側の支配領域内で行われた場合

　クレーマーの話が終わらない、謝罪をすべき事案ではあるが、謝罪を続けても納得をしてもらえず解放してもらえないといった事案であれば、その場を退席するという対応となります。

　あなたとしては、使命感から、クレーマーが退席を認めない限り退席をしてはならないと考えているかもしれませんが、案件に応じた常識的な対応時間（30分～２時間程度）を超えてまで対応をする必要はありません。

　なお、退席の意思を明確に示しているにもかかわらず、

物理的に退席ができないような状況となる場合には、刑法上の監禁罪（刑法第220条）に該当することもありえます。退席ができないような状況に追い込まれる場合には警察への通報も視野に入れてください。ただ、現実的には、拘束されている場面で通報することは難しい面もあります。そこで、例えば、長時間の物理的な拘束も想定される悪質クレーマーの支配領域内（悪質クレーマーの自宅等）での折衝をせざるをえない場合には（そのような場所での折衝は極力避けるべきではありますが）、あらかじめ同僚にその旨を伝え、一定の時間を過ぎても連絡がつかない状況となった場合には警察へ通報するよう依頼しておくことも検討ください。

なお、会社としても、従業員が対応しやすいよう、従業員に対し不合理な長時間の拘束を甘受する必要はなく、退席してもよい旨や対応方針をあらかじめ教示しておく必要があるでしょう。

2 長時間の拘束が会社内の支配領域内で行われた場合

会社内で折衝をしている場合でも、クレーマーが退去をせずに居座る事例も想定されます。折衝の目的が終了し、それ以上の折衝が無意味だと判断され、常識的な対応時間が経過している、あるいは、あらかじめ通知した終了時刻

を経過しているのであれば、退去を明確に求めることになります。それにもかかわらず退去をせず、居座る意思を示す場合には、警察へ相談あるいは通報する旨を通知することになります。なお、刑法において、「正当な理由がないのに、人の住居若しくは人の看守する邸宅、建造物若しくは艦船に侵入し、又は要求を受けたにもかかわらずこれらの場所から退去しなかった者は、三年以下の懲役又は十万円以下の罰金に処する」とされている（刑法第130条）ため、退去の要求を受けたにもかかわらず従わない者は、当該不退去罪に該当しえます。なお、この場合の退去要求は施設の管理権を有する者（当該施設における施設長等のトップ）およびその者から授権を受けたと評価される者になりますので、あなたが施設の管理権を有する者でなければ、退去要求にあたっては、その権限を有する者からどの段階であれば退去要求を行ってもよいかについて指示を受けておくことが望ましいといえます。ただし、このような指示がないとしても、（刑法上の不退去罪の成立は難しくはなりますが）退去要求自体は行って退去を明確に求めるようにしましょう。

　退去をせずに居座るクレーマーに対して警察への通報をためらう必要はなく、退去しなければ警察に通報する旨通知をして、明確に退去を求め、それでも退去をしない場合には、警察へ通報を行うことが望ましい対応といえます。

Q21 弁護士へはどのようなタイミングで委任すればよいか

A カスタマーハラスメント事案の場合、どの時点で弁護士に委任して弁護士対応とすることが適切かについては、事案に応じて様々です。会社は、早期に弁護士に事案を相談し、どの時点で委任するとよいかも含め、弁護士のアドバイスも受けて判断することがよいでしょう。

解 説

1 弁護士への相談・タイミング

会社に日常的な相談が可能な弁護士がいる場合には、組織的対応を要するカスハラと認識した時点で、弁護士に相談をしておくことが望ましいといえます。相談時点ですぐに委任するとまでいかずとも、今後の対応や、証拠収集方法等についてアドバイスを受けることができますので、早期の相談が望ましいといえます。この場合は、相談を継続しているなかで、弁護士からのアドバイスもふまえて、一定の段階に至った時点で、弁護士に委任し、対応を弁護士に委ねることになります。

日常的な相談が可能な弁護士がいない等の理由で、一定

程度、会社の判断で対応するという場合には、会社での対応では解決が難しいと判断される時点で、弁護士に相談し、当該弁護士からのアドバイスもふまえて、弁護士に委任することが望ましいと考えます。

　相談を受ける弁護士側の立場では、どのタイミングで委任を受けるかというと、会社側で、カスハラ行為を行う悪質クレーマーに対し、その行為者の要求等に対する方針を伝えたにもかかわらず行為が終了しない（会社の方針に納得していないため行為の終了の見込みがない）段階で委任を受けて弁護士が対応することが多いといえます。

　なお、弁護士に委任して弁護士が対応することについて、通常、悪質クレーマーとしては望んでおらず、弁護士から受任を知らせる書面が届いた段階で会社が対決姿勢にあると感じることになりますので、弁護士への委任にあたっては、その点留意する必要があります。

2　弁護士への委任後の対応

　弁護士に委任した場合、一般的には、まず、弁護士から、カスハラ行為自体をやめる旨や、やめない場合に法的措置を示唆する趣旨が記載された通知書を発送することになります。

　かかる通知書によって行為が中止されることもありますが、弁護士からの通知書を受けて、なお、行為が中止され

ないという事案もあります。この場合には、弁護士におい
て法的措置を検討することになります。具体的には仮処分
手続や、刑事告訴等も検討することとなります。

Q22 弁護士に委任する際にはどのような点に注意すればよいか

A 　会社は、受任した弁護士が通知書を発送するために、悪質クレーマーの住所、氏名等の必要な情報を伝えることになります。また、事実関係を時系列で整理し、対応する証拠とともに弁護士に伝えると、弁護士において迅速な対応をとることができます。弁護士との契約時には、あらかじめ委任事項や費用について見積りの提示を受け、十分に検討したうえで、弁護士との契約を行う必要があります。

解 説

1 相手方情報の伝達

　弁護士に委任する場合、一般的には、まずは弁護士から通知書を発送することになるため、会社としては、悪質クレーマーの正確な住所や氏名を確認し、弁護士に伝えることが重要となります。仮に住所や氏名がわからない場合には、認識している連絡先を弁護士に伝えることとなります。

2　事実関係、証拠の整理

　また、弁護士からの通知書でカスハラ行為が中止されない場合には、法的措置の検討を行うこととなります。

　具体的には、仮処分手続や刑事告訴等も検討することとなりますが、いずれにせよ、いかなる事実関係で、どのような証拠が存在するのかが重要となります。これらの情報は、通知書発送の段階でも必要となりますので、弁護士に委任するタイミングで弁護士に提供することが望ましいといえます。特に、カスハラ事案で、弁護士に委任するという案件は、迅速な対応が求められる事案ですので、できる限り、必要な情報を委任時点で提供しておくことが重要です（不足している情報があれば、弁護士から指示があります）。

3　弁護士との契約

　弁護士に委任するにあたっては、弁護士と委任する事項や弁護士費用について、契約を締結することになります。

　弁護士の費用としては、大きく分けて時間制の方式と着手金・報酬金方式の場合の2通りがあります。

　時間制の場合には、弁護士が当該案件で業務を行った時間（書面作成、打合せ、相手方対応等）に応じて、契約で定められる単価を支払うという契約となります。

　着手金・報酬金方式の場合には、委任時に着手金（事案

の成否にかかわらず返還されないもの）を支払い、解決時に報酬金（事案の成否に応じて、あらかじめ定められた基準に応じて算出されるもの）を支払うことになります。

　着手金・報酬金方式の場合、交渉段階や、仮処分段階、訴訟段階、強制執行段階と段階ごとに費用を要することが一般的ですが、契約締結前に、弁護士から見積りを提示してもらい、どの段階でどのような費用を要するのかを確認しておく必要があります。

　また、いずれの方式でも、通常は、別途、交通費や通信費、印刷費等の費用が生じることになります。

　なお、カスハラのような事案の場合には、一般的な交渉事案等と異なり、弁護士自身も被害の対象となる可能性もある事案となるため、弁護士費用も一般的な案件よりは高額となることもあります。そのため、費用の点は、契約締結前に十分に確認しておく必要があります。

Q23 対応困難な苦情はどのように終わらせればよいか

A 対応困難な苦情は、早期に終わらせたいと思うでしょうが、無理に終わらせようとすることはかえって問題が大きくなる可能性がありますので、避けましょう（ただし、従業員が長時間拘束されている状況で、折衝を打ち切るような場合は別です）。終わらない苦情はありませんので、粘り強く対応することが肝要です。

解 説

1 対応方針（従業員としての対応方針）

対応困難な苦情については、担当する従業員のほうからすると、一刻も早く終了させたいと思うことが通常です。もっとも、無理に終了させようとすると、悪質クレーマーもそれに気づき、かえって問題が大きくなることもあります。苦情を終了させる万能薬のようなものはありませんが、終わらない苦情はありませんので、早く終了させたいと思っても無理な対応をせず、粘り強く対応することが肝要です。なお、従業員が長時間拘束されている場合には折衝を打ち切るという対応はありえます。そのような場合に

至らない状況での無理な打ち切りは避けるべきです。

　対応するにあたって、悪質クレーマーが同内容の要求や質問等を繰り返す場合、悪質クレーマーに対し、同じ内容の回答をすることもありますが、同じ内容の回答を繰り返すことに躊躇する必要はありません。同じやりとりを繰り返すことで、悪質クレーマー側がこれ以上の折衝が無意味であると認識する契機になりえます。また、対応にあたって、悪質クレーマーを説得しよう、あるいは理解してもらおうと思う必要はありません。説得や理解を求める場合、話す内容が増えますが、対応困難な苦情を行う悪質クレーマーに揚げ足をとられることが増えることになりますので気をつけましょう。

2　金銭的な解決について（会社としての対応）

　悪質クレーマーへの対応として、粘り強く折衝を続けて解決に至る場合もありますが、折衝のみで解決することが難しい場合も多々あります。そのような場合でも、会社側は、法的義務がないにもかかわらず安易に金銭的な解決を提示することは避けるべきです。悪質クレーマーの目的が金銭であるとしても、原則としてそのような者に金銭を支払うことは会社のコンプライアンス上問題であり、会社のステークホルダーへの説明も難しいことが多いといえます。なお、悪質クレーマーに対し、会社が金銭の支払義務

を負っていると判断しうる場合に、合理的な範囲で支払を行うことについてはこの限りではありません。

3　対応困難な苦情が何度も続く場合

⑴　苦情への対応をしないという選択

　対応困難な苦情が何度も続く場合、当該苦情については、対応しない（電話で苦情がされてもこれ以上の対応はしない旨を伝えて電話を切り、面談を求められても応じない）という選択も１つの方策です。もっとも、かかる対応によって苦情がエスカレートし、さらなる被害（有形力の行使や、SNS 等を通じた誹謗中傷等）につながるおそれがある場合には、事前に弁護士に相談し、弁護士への委任も検討する必要があります。

⑵　弁護士への委任

　会社側の折衝のみでは解決に至らない場合、弁護士に委任し、対応を任せることも１つの方策です。弁護士からの通知書等の発送で苦情が終了することもありますし、通知書等の発送で苦情が終了しない場合でも、法的な対応に進むことによって解決に至ることがあります。

Q24 訴訟などに移行するのはどのような場合か

A 現場担当者では対応が困難となり、また、弁護士からの書面でもカスハラ行為が中止されない場合には、会社は、訴訟等の法的手段を検討することとなります。

解 説

1 法的手続の必要性

現場担当者では対応が困難となる場合には、会社は弁護士に対応を委任することが考えられます。弁護士に委任すると、弁護士は悪質クレーマーに対し、通知書（弁護士が受任したので今後の連絡は弁護士宛てに行ってもらうことや、行為の中止を求め、行為を中止しない場合には法的措置を示唆するような内容）を発送することが通常です。通知書が悪質クレーマーに到達することで、行為が中止されることもありますが、中止されない場合については、裁判所の手続を利用することを検討することになります。裁判所の手続を利用した場合、第三者が介在するということで解決の糸口になることもあり、また、最終的には裁判所が中止を命じる決定や判決を出すことで、行為が中止される可能性が

高く、これによっても中止しない場合には強制執行手続も可能となるため、実効性が高い手続ということができます。

2　仮処分・訴訟

　原則的な手続には、裁判所に対し、カスタマーハラスメント行為の中止を求めて訴訟を提起する（損害が発生している場合には損害賠償請求もあわせて提起することがあります）手続があります。もっとも、訴訟手続には一定の時間を要するため、直ちにカスハラ行為を中止させなければ、会社あるいは担当者に被害が生じうるというような緊急性が認められる案件では実効性に欠けることになります。そこで、このような事案では仮処分命令の申立てを検討することになります。

　仮処分命令は、訴訟と異なり、簡易迅速な手続である（早ければ申立てから1カ月以内に命令が出されることもある）ため、カスハラ行為を速やかに中止させるためには実効性があります。もっとも、あくまで「仮」の手続であるため、申立人の請求が認められる場合でも原則として供託金を要する（事案にもよりますが5万〜30万円程度が多いようです。後の訴訟で勝訴する等一定の要件を満たすと返還されます）点には留意する必要があります。

3　強制執行手続

　仮処分命令や訴訟の判決で、裁判所がカスハラ行為の中止を命じたにもかかわらず行為が継続する場合、強制執行手続が可能となります。具体的には、「命令に反した場合には１日（または１回）当り◯万円を払え」という間接強制の申立てを行い、これが認められると、実際に命令に反した日または回数に応じた金員の回収のために、行為者の財産の差押えが可能となります。間接強制の申立てまで至る例はまれですが、間接強制が認められると悪質クレーマーに与える影響は大きく、実効性が高い手続といえます。

顧客が従業員に対して執拗に謝罪を求めてきた場合、従業員はどのように対応すればよいか

A 　悪質クレーマーに謝罪することが、あなたの会社で組織決定されていれば別ですが、そうでない限りは、その場で謝罪をしてはなりません。また、謝罪する場合には、謝罪の対象（どのようなことに対して謝るのか）を明確にしたうえで、謝罪することも重要です。

解 説

1　会社の謝罪には組織決定が必要

　悪質クレーマー対応を行うなかで、悪質クレーマーより執拗に謝罪を求められることがあります。「名刺の裏に謝罪を書け」と強く言われたりする場面も想定の範囲内のことです。

　ここで忘れてはならないのは、悪質クレーマーに対応するときは、あくまで会社の窓口として、悪質クレーマーと折衝している、といういわば当たり前のことです。あなたが謝罪をすることは、すなわち会社として謝罪することを意味します。会社が謝罪するためには組織決定が必要で、

本来的にあなたが独断で行えるものではありません。

　「あなた個人として謝罪をせよ」と言われる場合もあります。しかし、あなたはあくまで会社の担当窓口として悪質クレーマーと折衝しているにすぎません。仮に、謝罪すべきなのであれば、会社が謝罪すべきで、あなた個人としての謝罪などという概念は、本来的には意味をなさないことですし、これを行う必要はありません。

　担当窓口となった人を個人攻撃し、会社から引き離してその人から謝罪等の発言を引き出したうえで、それを材料に会社を攻撃するのは、悪質クレーマーの常套手段です。このようなことを求められても、上記と同じような対応を行う必要があります。

2　事前の組織決定が大事

　以上をふまえますと、悪質クレーマーとの折衝のなかで、悪質クレーマーに謝罪するか否か、謝罪するとして、何を謝罪するのか（謝罪の対象）を、折衝前に会社内で認識を共有化（組織決定）することはきわめて重要なこととなります。これにより、会社の担当窓口となったあなたが会社から、「何でそんなことを謝ったのだ」というように、いわば梯子を外されるリスクもヘッジすることができます。

　会社が謝罪を行う際には、謝罪する対象を明確にするこ

とが必須です。また、謝罪する対象いかんでは、その謝罪に社交辞令以上の意味合いが生じない場合があります。例えば、「ご不便をおかけしたこと」や「わざわざ連絡をもらったこと」に対しての謝罪は、通常は社交辞令以上の意味をもちません。

　いずれにしても、会社として、悪質クレーマーに謝罪するか否か、謝罪するとして、何を謝罪するのかを、折衝前に認識を共有化（組織決定）することは、とても重要なことだと考えます。

A　謝罪文がそのまま週刊誌に掲載されても、恥ずかしくない、風評リスクが生じない体裁・内容の謝罪文とすべきです。読者に「木で鼻を括った謝罪文だ」との印象をもたれないようにするイメージづくりが必要です。謝罪文の名義は会社とし、謝罪の対象が明確であることが重要です。

解 説

1　謝罪文は「組織としての対応」で行う

一昔前まで、会社が顧客等に謝罪文を提出することは、かなり特殊なケースに限られていましたが、近時、会社は顧客等と向き合うべきとの社会通念の変化と相まって、会社側も謝るべき部分は謝ってもよいし、むしろ謝るべきとの方針をとる場合も多く、謝罪文を提出するケースも増えてきた印象を受けます。

謝罪文を作成する際に、留意すべき点について述べます。

ここでも、「組織としての対応」の考えが重要です。謝罪文にて、謝罪を行うのはあくまで会社です。謝罪文の名

義も会社とすべきです。「○○株式会社、代表取締役○○」や、「○○株式会社、課長○○」とすべきなのです。たまに、担当者の個人名のみを名義とする謝罪文をみることがありますが、これは「組織としての対応」の観点からは、最悪な謝罪文といえます。

　謝罪文の名義を会社としておくと、仮に悪質クレーマーから「課長の謝罪文では役不足だ。部長の名前を書いた謝罪文をもってこい」と言われたとして、「謝罪文は会社としてすでに提出している。会社から再度謝罪文を提出する必要はなく、部長名での謝罪文は提出しない」との合理的な理由で上記要求を謝絶することができます。担当者の個人名のみを名義とする謝罪文を提出していた場合には、このような言い訳はできず、対応に窮してしまうことになりかねません。

2　謝罪の対象は明確にすべき

　謝罪文は、何かを謝罪するために作成するものです。謝罪する対象が何かを明確にしておかないと、その謝罪文を、会社が本来謝罪することとは別のことを謝罪したもの、非を認めたものとして、利用されることにもなりかねません。謝罪文作成においては、謝罪の対象を明確にすることが何よりも重要です。

3 週刊誌への掲載をイメージする

謝罪文がそのまま週刊誌に掲載されることも、想定の範囲内の事柄です。そのようになっても恥ずかしくない、顧客をないがしろにしているとの評価を社会から受けることのない体裁・内容の謝罪文とすることが肝要です。例えば、8ポイントの小さな文字でＡ４の紙の半分くらいで終わっている謝罪文が週刊誌に掲載されたとして、読者はどのように思うでしょうか。「木で鼻を括った謝罪文だ」との印象をもたれないでしょうか。社長の名前を出す文章として恥ずかしくないでしょうか。書式、字体、ポイント数等の形式的要素も含め、このような観点からも推敲を重ねる必要があります。

（謝罪文イメージ）

令和○年○月○日

○○○○　様

株式会社○○○○
課長　○○○○
（※1）

お　詫　び

謹啓
この度は、当社職員の○○様への対応により、○○様のお気持ちを害してしまい（※2）、誠に申し訳ございませんでした。
　心よりお詫び申し上げます。
　○○様からお申し越し頂いた点につき、以下にご説明をさせていただきます。

　・・・・・（※3）

謹白
（※4）

※1　名義は会社とする。個人名とはしない。
※2　謝罪の対象が明確な謝罪文言とする。
※3　会社の認識する事実関係を記載。会社が、顧客保護措置をとる場合には、その内容も記載。場合によっては、発生原因分析や、再発防止策についても記載。顧客以外の第三者が読んでも、全体の事実関係や、会社が合理的な行動・対応をとっていることが、理解できる内容とする。
※4　全体の分量にも配意。あまりに短すぎる謝罪文は、それだけで、「木で鼻を括ったもの」との印象を与える。

Q27 対面や電話で折衝するときは録音してもよいか

A 対面や電話で折衝するときは録音してもよいです。ただし、録音していることを相手方に伝えるかどうかは、個別具体的な状況を考慮して決定しましょう。

解 説

1 対面や電話で折衝する際に相手方の同意を得ることなく録音することの可否

そもそも、対面や電話で折衝する際に、相手方の同意を得ることなく、録音することはできるか、という点が問題となります。

この点、東京高等裁判所平成28年5月19日判決では、大学職員が、その上司からいわゆるパワーハラスメントやセクシュアルハラスメントを受けたとして、申立てを行った大学のハラスメント防止委員会の審議で、同委員会の委員が大学職員を侮辱し、かつ名誉を毀損する発言をしたことにより、人格権が侵害されたと主張して、大学に対し、同委員会の委員の不法行為に係る使用者責任に基づき損害賠償を請求した事案で、民事訴訟法上、違法に収集された証

拠であっても、それだけで直ちに裁判所が証拠として採用することができなくなるのではなく、裁判所が証拠として採用することが訴訟上許されないといえる場合には、例外的に、裁判所が証拠として採用することができなくなる、としたうえで、①非公開の手続で録音したこと、②非公開の手続での無断録音は違法性の程度が高いことなどから、大学職員が本件録音体を証拠として提出することが認められない、と判断しました。

　この裁判例を会社が対面や電話でクレーマーと折衝する際に、許可を得ることなく録音した場合に当てはめてみます。

　まず、この場合についても、会話内容の秘密性が悪質クレーマーの意図しないかたちで保存、処分される点で、一定のプライバシー侵害が発生すると考えられます。

　しかしながら、悪質クレーマーの会話内容の秘密性は、会話の一方当事者、ここでは会社担当者、との関係では保護されておらず、完全な意味でのプライバシー侵害を認めることはできません。

　したがって、会社による折衝状況の無断録音についても、違法と評価されうるものの、違法の程度としては、高いとはいえず、裁判所が証拠として採用することができないと判断する可能性は低いと考えられます。

　なお、折衝内容を録音したデータを、証拠とする目的以

外に利用すべきではありません。この目的以外に利用した場合には、裁判所に違法なプライバシー侵害と判断されることがありえますので、この点を留意して折衝内容を録音したデータを管理・利用してください。

2 対面や電話での折衝を録音する場合の留意点

録音していることを相手方に伝えるべきだと判断した場合には、必ず折衝を開始する前に伝えましょう。これは、折衝を開始した途中で録音していることが発覚したことによる新たなクレームの発生を避けるためです。

3 録音していることを悪質クレーマーに伝えるべき場合

折衝内容を録音していることを悪質クレーマーに伝えておくべき場合とは、折衝の際に悪質クレーマーの不適切な言動を抑止すべきと思われる場合です。ここでいう不適切な言動としては、悪質クレーマーが大声をあげたり、侮辱的な発言をしたりすることといったものが考えられます。対面で折衝する場合には、担当者は、悪質クレーマーに対し、あらかじめ折衝内容を録音する旨伝え、ICレコーダー等を机上に置いておくとよいと思われます。

また、電話で折衝する場合には、担当者は、「当社のサービス向上のため録音させていただきます」や「お客様

のご要望を正確に把握したうえで、会社の上長に報告させていただくためです」と伝えたうえで、録音を開始するのがよいと思われます。

　なお、対面で折衝するときに悪質クレーマーから録音を拒絶されないようにするために、担当者は、悪質クレーマーに対して、希望する場合には、折衝内容の録音データを提供する旨伝えておくべきと思われます。このように伝えておくことで、悪質クレーマーの心理としては、自らの立場と会社との立場が、平等となるため、折衝内容を録音することを積極的に拒絶できなくなります。また、録音データを提供すると伝えたとしても、悪質クレーマーが折衝内容の録音を拒絶する場合には、悪質クレーマーからの主張や要望を正確に会社で共有し、対応することができないため、本日の折衝を実施することができず、他の対応方針を検討すると伝えて、その日の折衝を中止するといった対応も考えられます。

4　録音していることを悪質クレーマーに伝えるべきではない場合

　折衝内容を録音していることを悪質クレーマーに伝えるべきではない場合とは、悪質クレーマーの折衝態度を証拠化しておきたいと思われる場合です。具体的には、会社になんら非がない場合にもかかわらず、悪質クレーマーが、

大声をあげたり、侮辱的な発言をしたりして、不当な要求を繰り返すような場合です。

　この場合には、後に訴訟等の法的紛争になった場合に備えて、会社としては、適切な対応をしているにもかかわらず、悪質クレーマーが一方的に不当な要求を繰り返しているということを立証するために、折衝態度を証拠化しておく必要があるからです。

Q28 警察への通報はどのタイミングで行うとよいか

A　カスハラが犯罪行為に至る場合はもちろん、犯罪行為に至る可能性がある場合や身の危険を感じる場合には躊躇せず、警察へ通報・相談することが望ましいといえます。なお、警察に相談をしていることを相手方に伝えることは慎重に検討しましょう。

解 説

1　警察への通報・相談の必要性

　カスハラを行う悪質クレーマーのなかには、暴言や、暴力行為にまで発展する者もおり、また、そこまでには至らなくとも、土下座などの義務のないことを強要する者、事業所内に居座ったり、執拗に架電するなどして業務を妨害する者も存在します。これらの者について、現場の担当者のみで対応することには限界があり、警察官が臨場することによって、その場での行為が制止され、また、場合によっては逮捕や任意同行に至って警察官から説諭されることによりカスハラを中止する可能性もあります。そのため、会社は、警察への通報について、犯罪行為に至る可能性がある場合には1つの手段として検討することが望まし

いといえます。

　なお、暴力行為にまで発展する可能性があり、担当者の身に危険が生じるおそれがある場合については、積極的に警察へ通報することになります。

　通報して臨場してもらうという対応のほか、カスハラが犯罪行為に該当するか等について警察に相談をしておくことも有用です。ただし、この場合に、警察へ相談していることを行為者に伝えることには慎重になる必要があります。警察の捜査が行われるような事案では、捜査に支障をきたすおそれがありますし、捜査にまで発展していない事案でも、警察に相談しているにもかかわらず警察が動いていないことをもって、行為者が自身の行為が正当化されたと思い込む可能性もあるからです。

2　想定される犯罪行為

　警察への通報にあたっていかなる犯罪に該当するかを伝える必要はありませんが、犯罪行為に該当しうる事実を伝えるほうが臨場する警察官においてより対応しやすくなります。そのため、どのような行為が犯罪行為に該当しうるかについてあらかじめ認識しておくことは有用です。なお、実際に犯罪行為が成立しうるかの判断は難しいため、被害届や告訴等を行う場合には、実際の行為や証拠に照らして慎重に検討することになりますが、警察への通報（あ

るいは相談）の段階では詳細な検討までは不要であり、犯罪行為に該当しうると考えられる場合には、躊躇せず通報・相談することが望ましいといえます。

⑴　暴行、傷害

暴力行為が行われた場合には、暴行罪、これによって怪我をした場合には傷害罪が成立することがあります。

⑵　脅迫、恐喝、強要

脅す行為（生命、身体、自由、名誉または財産に対し害を加える旨を告知する行為）を伴う場合には、脅迫罪、脅して財物の交付または財産上の利益を提供させる場合には恐喝罪、脅して義務のない行為をさせる（例えば土下座）場合には強要罪がそれぞれ成立することがあります。

⑶　名誉毀損、侮辱

例えばインターネットのような不特定多数が認識できる状況で誹謗中傷を行うような場合、内容いかんによっては名誉毀損あるいは侮辱罪が成立することがあります。

⑷　不　退　去

施設の管理者（例えば本社であれば社長。社長の指示を受けた従業員でも可）から退去の要求を受けたにもかかわらず退去しない場合には、不退去罪が成立することがあります。

⑸　威力業務妨害、偽計業務妨害

威力を用いて、あるいは、偽計を用いて業務を妨害する

行為については、威力業務妨害罪、偽計業務妨害罪が成立することがあります。

⑹ **建造物等損壊、器物損壊**

　建物やなんらかの動産を損壊する行為については、建造物等損壊罪、器物損壊罪が成立することがあります。

Q29 「社長を出せ」と言われたら、どのようにすればよいか

A 社長を出すことはありません。私が対応いたしますと伝えて対応するか上司が出るかという選択肢はあります。対応に際しては、経過や悪質クレーマーの要望を整理するプロセスが重要です。

解 説

1 要　点

　社長を出すことはまずありません。社長を出せば確実に最終的に解決するという整理ができないからです。私が対応します（担当です）と伝えるか、上司が出るかという選択肢はあり、後者の場合は、上司が対応するまでに多少なりとも時間をおくことができて、悪質クレーマーをクールダウンさせることができる意味はあるといえます。

2 典型的な場面

　社長を出せといってくる典型的な状況を考えると、①問いと答えがかみ合っていないと受け取られる場合、②要望を判断する権限がない場合、③自我の確認の一場面になっている場合があると思います。

3　あるべき整理

　①の場合悪質クレーマーはしばしば饒舌になります。悪質クレーマーは不安な状態であることが多く、人は不安になると饒舌になるのです。ここでは議論をかみ合わせようとするよりも、要するに悪質クレーマーが何を求めているかを整理することが重要です。交通整理と表現できるかもしれません。整理することには抵抗を示されるでしょう。整理されるとやがて話が終わってしまうからです。何度か同じような会話を続けながら、要するにこういうことをお求めですねということを整理します。

　②の場合具体的な要望はわかっており、後は決裁権限規程の当てはめの問題です。その場では決裁権限規程の内容や具体的な当てはめについてわからなくとも、確認のうえこちらから結論をお伝えしますというのがあるべき対応です。ここでも交通整理が重要です。だれが結論を伝えることになっても、どういう報告を受けてそういう判断になったのか、その報告がそもそも間違っていると言われるからです。

　③の場合社長を出せといっているシチュエーションそのものに意味があります。悪質クレーマーにも具体的な獲得目標がないので、話の出口がはっきりしません。①同様交通整理のうえ、この点について返事をしますというものを

整理していきます。

4　ま と め

　いずれの場合でも交通整理が重要です。そこに抵抗を示されることが対応を困難にしていることが多いといえます。場合によっては、態度がけしからんと言われることもあるでしょう。相手の目をみる、姿勢、物腰、言葉といった基本的なことに注意すべきはもちろんですが、この交通整理をするプロセスこそが最も重要です。

Q30 「マスコミに言うぞ」と言われたら どのようにすればよいか

A 「こちらで何かを言うことではありません」という対応になります。過剰に反応して安易な譲歩をすべきではありません。

解 説

1　要　点

そもそもマスコミに言うこと自体が悪いとはいえません。しかし、こちらからやめてくださいという話ではなく、やってくださいという話でもなく、こちらで何か言うことではありませんというのが適切な対応だと考えられます。会社はこのような場面の対応や体制を整備しておくべきです。

2　想定される場面

マスコミに言うぞと伝えてくる典型的な状況を考えると、①悪質クレーマーが自分の考える会社の実態や自分の正論を世に問いたいと考える場合、②自分の話を軽んじられていると受け取っている場合、③担当者がひるむところをみたいという場合だと考えられます。

3　あるべき対応

　①の場合、事実関係が相応に真実に合致しているのかどうかは重要です。特に悪質クレーマーにとって事実関係の開示が十分でないために、自分への開示をねらって、マスコミに対しては事実関係を開示することになるぞという趣旨で言っているケースもあるでしょう。それでも事実関係の開示を嫌って、なんらかの対応をするのは避けるべきです。クレーマーと秘密の共有をしてはいけません。これは鉄則です。

　②の場合、特徴的なのは、大騒ぎになることを警告してあげているというニュアンスが出ていることです。あなたのためを思っているという言い方になるかもしれません。このような場合には、悪質クレーマーの話について交通整理をしたうえで、その整理に基づいて、こちらで何かを言うことではないという趣旨を伝えることになります。

　③の場合特に何か反応を示す必要もありません。悪質クレーマーに精神的な満足を与えることもないでしょう。

4　体制整備の重要性

　こちらで何かを言うことではないという対応をすることで、結果的に会社がマスコミに対してなんらかの対応を要する事態が生じることはありえます。現場の担当者として

は、結果的に会社がマスコミ対応をするに至ったときに、対応がまずかったと会社内で責任を問われるのではたまりませんし、そうなってはいけないというのであるべき対応を逡巡してしまうということも起こりえます。会社内では、対顧客対応として、種々の場面を想定した体制を整備しておくべきです。マスコミに言うぞと言われた場合もその重要な場面の1つだといえます。

「役所に言うぞ」「警察に通報するぞ」と言われたら、どのようにすればよいか

Ⓐ 「こちらで何かを言うことではありません」という対応になります。通常、されてもされなくても行政機関に対しては適切に対応をすべきです。

解 説

1 要 点

そもそも行政機関に言うことが悪いこととはいえません。しかし、こちらからやめてくださいという話ではなく、やってくださいという話でもなく、こちらで何か言うことではありませんというのが適切と考えます。

2 典型的な場面

行政機関に言うぞということを伝えてくる典型的な状況を考えると、①悪質クレーマーが自分の考える会社の実態に、違法や行政指導の対象になるべきものがあると考える場合、②自分の話を軽んじられていると受け取っている場合、③担当者がひるむところをみたいという場合だと考えられます。

3 整理するうえでのポイント

　①の場合、もし会社の対応に違法や行政指導の対象となるべきものが含まれているのだとすれば、そもそも直ちに是正すべきことです。また、仮に行政機関から何か報告を求められたり、何か質問されたりすることがあるとしても、それは行政目的で行われることであって、行政機関が悪質クレーマーと会社とのなんらかのトラブル解決のための仲立ちをするのではありませんから、会社側の個々の対応が逐一悪質クレーマーに伝わるわけでもありません。一般論としては、行政機関からの問合せには通常どおり適切に対応すべきものと考えられます。むしろ行政機関からの問合せを嫌って悪質クレーマーになんらかの対応をするのは避けるべきです。悪質クレーマーと秘密の共有をしてはいけないのです。

　②と③の場合は、「マスコミに言うぞ」と言われた場合の②③と同様といえます。なお、特に③の場合に起こりがちのことだと思いますが、あまり過剰な反応を示すことは、かえって悪質クレーマーに精神的な満足を与えてしまって、より強い満足を求めて対応をエスカレートさせてしまう事態になることが懸念されます。

4 体制整備の重要性

　結果的に会社が行政機関に対してなんらかの対応を要する事態が生じることはありえることです。担当者としては、結果的に会社が行政対応に至ったときに、対応がまずかったのではないかと会社内で責任を問われるのではたまりませんし、そうなってはいけないというのであるべき対応を逡巡するということも起こりえます。会社内では、対顧客対応として、種々の場面を想定した体制を整備しておくべきです。行政機関に言うぞと言われた場合もその重要な場面の1つだといえます。

Q32 「取引先に言うぞ」と言われたら、どのようにすればよいか

A 「こちらで何かを言うことではありません」という対応になります。ただ、たとえ真実味に乏しい内容であってもいったん言われてしまうと取引関係に重大な影響を及ぼすおそれもあることから、ビジネスジャッジをふまえた判断が必要だといえます。

解 説

1 要 点

取引先に告げるというのは、たとえ話がかなり真実味に乏しいものであったり、噂レベルのものであったりしたとしても、その後の取引関係に影響を与えかねないというところに問題があります。いったん影響が出てしまうと、後にリカバリーの対策を講じるとしても限界があるということも想定され、マスコミに言うとか行政機関に言うといった場合とは異なる問題意識を含んでいるということができます。したがって、法的に正当な対応というだけではなく、会社のビジネスジャッジをふまえた適切な対応が求められるということです。このような適切な判断や対応を、限られた時間のなかで現場担当者のほうで対応するには限

界があります。会社としては、このような場面の対応や体制を整備しておくべきだと考えられます。

2　典型的な場面

　取引先に言うぞと言ってくる典型的なケースを考えると、①悪質クレーマーが自身の事実認識に相応の客観性や公共性があると考えており、取引先に情報を開示することが正義にかなうと考えている場合と、②自分の話を軽んじられていると受け取っている場合と、③担当者がひるむところをみたいという場合だと考えられます。

3　あるべき整理

　①の場合、取引先に開示されることを嫌って悪質クレーマーに対してなんらかの対応をするということは避けるべきです。悪質クレーマーと秘密の共有をすることはしてはいけないのです。なお、そもそも真実であれば取引先に言ってもよいのかという問題はありますが、特に話の内容に公共性がある場合には、端的に言ってはいけないということはできないと考えておくべきです。

　②③の場合はQ30と同様のことがいえます。

4　体制整備の重要性

　取引先に言うという場合は、法的な正当性だけではな

く、ビジネスジャッジとしての適否も視野に入れて検討しなければなりません。たとえ噂レベルであっても、言われてしまうとリカバリーに限界があるということが起こるからです。このようなビジネスジャッジを個別の場面で現場の担当者に求めるのは限界があります。限られた時間のなかでビジネスジャッジをするために必要な情報を会社内で整理する必要があるので、適切な体制整備が求められるといえます。

A 土下座をすることはありません。会社は従業員を守るべき場面といえ、このような異常事態の対応について体制を整備すべきです。

解 説

1 要 点

悪質クレーマーが土下座を要求することはもっともだという場合はありません。たとえ会社側の対応に問題があったとしても、それなら土下座を要求してもよいということには決してなりません。土下座を求める行為が、強要罪という犯罪に該当する場合があるというのは一般に認知されています。それでも土下座を求めてくるケースがあるのは、悪質クレーマーが、担当者とのやりとりのなかで、担当者側がメリットデメリットを総合考慮したうえで任意に謝罪したという建付にしようとするからだといえます。

2 典型的な場面

土下座を要求してくる典型的な状況を考えると、悪質クレーマーが担当者の精神を陵辱しようとする場合であると

120

考えられます。したがって、かなり異常な事態といえます。悪質クレーマーは、担当者の意思を完全に抑圧しようとすることはないでしょう。担当者に屈辱的なシチュエーションを乗り越えさせるところに意義（快感かもしれません）を見出しているといえます。そして、単に担当者に圧力を加えるだけであれば、端的に警察に通報すべき場面といえます。しかし、諸般の状況から、土下座をしてでも切り抜けたほうがよいと思われるような状況がつくりだされるところに難点があります。それを個別の場面で現場の担当者に判断を求めるのは限界がありますし、担当者に屈辱的なシチュエーションであっても忍従を強いるのは、会社の体制として問題があるといわなければなりません。

　また、現場レベルで事態を切り抜けるために土下座をするという場合があるかもしれません。しかし、土下座を要求する行為の反社会性やクレーマーをさらにエスカレートさせるきっかけになりかねないことを考えると、このような場面は避けるべきだと考えられます。

3　体制整備の重要性

　会社内では、対顧客対応として、種々の場面を想定した体制を整備しておくべきです。現場判断で進めないことを徹底するとともに、万一土下座を要求された場合に警察や会社内の通報、証拠化を図るべく活動報告に記録を残すこ

とはなされるべきです。さらには、土下座の要求にとどまらず、担当者の身体や生命に危険が及ぶ場面も起こりかねないことから、緊急時の対応について、その場所ごとの実情をふまえて体制が整備されるべきです。

Q34 顧客が従業員に対して金銭を要求してきた場合、どのようにすればよいか

A 支払う必要性と相当性を吟味したうえで会社内のしかるべきプロセスを経て判断されるべきです。また、現場レベルで極秘または私的に金品を渡して事態を収束させようとすることがないよう留意する必要があります。

解 説

1 しかるべきプロセスの必要性

直ちに金品の要求に応じることはありません。悪質クレーマーが会社に対して損害賠償請求権等金銭の支払を求めることができる権利をもっているのかどうか明確でない場合はもちろん、ある程度明確にもっているといえる場合であっても、事実関係を確定させて、会社内でしかるべきプロセスを経て、場合によっては裁判手続を経て権利関係を確定させてから支払うべきです。なお、たとえ権利があるとしても、社会通念を逸脱した態様で請求する場合には恐喝罪が成立する可能性があります。

2 支払う必要性と相当性の吟味

　支払うことについて会社内で検証すべきは、支払う金額の妥当性もさることながら、支払うだけの必要性と相当性です。支払う必要性は、会社が提供する商品やサービスに問題がある場合か、商品やサービスそのものには問題がないにしても、従業員の対応等会社の対応に問題があって到底社会的に是認されないような場合といえます。支払う相当性で留意したいのは、悪質クレーマーのスペシャル感の欲求です。特に、謝罪の趣旨で、金銭ではなくなんらかのサービスの提供が求められている場合には、悪質クレーマーの側でそれなりのスペシャル感を求めていることがあります。ほかとは少し違う優位な扱いです。このスペシャル感が満たされると、事態が収束する可能性が高まる一方で、事後さらにエスカレートしてくる事態が懸念されます。会社としては、このような懸念も斟酌したうえ、どこまでの対応をするかということについて一定の基準を設けておくべきだと考えます。したがって、法的な正当性だけでなくビジネスジャッジが求められる場合があることになります。

3 体制整備の重要性

　また、現場レベルでいわば極秘にまたは担当者が私的

に、金品を渡してしまうケースがないか懸念されます。現場レベルで穏便に収束させる観点から金品を渡してしまうという事態です。これは悪質クレーマーと秘密を共有することになりますが、秘密の共有はしてはいけません。仮に金品を渡すのであれば、会社としてしかるべきプロセスを経たうえでなされなければなりません。ここでは、会社の内部統制の整備と運用が重要になります。直ちにとまではいかなくても、速やかに会社内に事態が報告され、会社内で分析・検討をして、会社として対応することが必要です。

A 会社全体として対応すべく、情報を収集し、判断をし、対応をするというプロセスの仕組みをつくることです。

解 説

1 はじめに

体制整備について述べます。特別な対応が求められるわけではありません。情報を集めて判断するための仕組みですが、カスハラ対応でいうと、現場で起こっている事実関係の情報を、早く正確に会社組織に伝え、会社がその情報を基に判断をし、その判断が早く対応者に伝わり、対応者がその判断に基づいて対応するという一連のプロセスの仕組みをいいます。

2 必要性

他事案との平仄を保つことができること、現場レベルでその場しのぎの対応をしてしまってかえって問題が大きくならないように、会社全体として事案をグリップすること、現場ではしばしばタフな対応を迫られることから、会

社としてバックアップすることを明確にするといった点で
必要なものです。

3　会社が情報を集める場面

　現場からの報告にもよるでしょうが、形容詞を抜く工夫
は重要です。例えば、大声を出していたと書くのではなく
て、周囲に5人ほどいたが、その声を聞いた直後に全員
走って店を出ていったと書くということです。

4　会社が判断する場面

　大きく整理すると、①会社の提供した商品やサービスに
問題があるか、②商品やサービスの内容そのものに問題は
ないものの、提供の仕方に問題があるか、③いずれも問題
はないが、悪質クレーマーにいわせればあるべき対応を求
められているか、④端的に会社または個人が攻撃されてい
るかという整理になると考えられます。会社のしかるべき
部署で速やかにこの整理をすることになります。
　①②の場合は、謝罪、リカバリーと再発防止策の策定と
いう流れになるでしょう。
　悪質クレーマーが行う多くの場合は③です。ここでは、
会社としてどこまでの対応をするのか、明確な線引き・基
準を設けておくべきです。多くの場合悪質クレーマーは、
自分にスペシャル感を求めるでしょう。それで承認欲求を

満たしているようなところがあります。このとき、同種事案では同種対応をすること、後に明らかになってもよいような対応をすることが重要です。

　④の場合は、現場に、対応の留意点を伝えることが中心になります。警察に通報することも含まれますが、こちらが話せば話すほど揚げ足の数は増えるので発言の数を減らしたり、１つの発言を短くしたりすること、納得してもらおうとしないこと、宿題を受けないことといったことが一般に有用です。

5　対応の場面

　できれば複数名で対応をし、手控えのメモを作成します。時間をとることは覚悟のうえで、丁寧にかつ毅然と対応することになるでしょう。対応の結果は速やかに会社に報告をすることになります。

Q36 顧客が従業員に対して暴力を振るってきたら、どのようにすればよいか

A 医師の診察を受けさせ、経過について証拠化すべきで、警察に被害を届け出ることも重要です。

解 説

1 要 点

暴力を振るってよいことはありません。よほどの極端なシチュエーションでもない限り社会通念を逸脱した行為で、たとえ会社側の対応に問題があったとしても暴力を振るってもよいということにはなりません。会社は端的に担当者を守るべき場面です。

2 証拠化の重要性

医師の診察や治療を受けさせ、暴力に至る経過について証拠化すべきです。警察に被害を届け出ることも重要です。やられたらやり返すというので、逆に暴力を振るうことはこれまた許されないことです。なお、警察に届け出たとしても、必ず逮捕に至るというわけではなく、必ず刑事裁判に至るというわけでもありません。効果を当然に期待

することはできませんが、職場の環境の整備としては重要なことで、会社の毅然とした態度が求められるところだといえます。

3　証拠化の工夫

　暴力がいけないというのは一般に認知されています。悪質クレーマーは、従業員のほうからけんかを仕掛けてきた等、むしろ自分が被害者であることを主張することになると考えられます。ここで重要なのは証拠です。ビデオ撮影や録音がある場合には1つの証拠ですが、常に準備しておくのは難しいかもしれません。複数名で対応ができていれば、もう1人の報告、証言ということも考えられます。このほかに、担当者自身の日常の業務報告中の記載でもかまいません。事態が起こったときに作成した報告書よりも、日常作成されている業務報告のなかの記載のほうが、信用性は高く受け取られることが多いでしょう。また、暴力に端を発して、突然より緊迫した事態に至るということも常に想定しておかなければならないでしょう。緊急時の対応について、その場所ごとの実情をふまえて体制が整備されるべきです。

4　その他の対応

　また、このような顧客に対しては、損害賠償の請求も考

えられるほか、顧客の対応が一過性、突発的なものではなくて、再発のおそれが懸念されるようであれば、店舗や会社への接近を禁止する法的な対応も考えられます。ただし、これらの対応は、やる以上は必ず所期の目的を達成するのでないと、万一裁判所に排斥されてしまうと、むしろ悪質クレーマーにここまでの行為は許されると受け取られかねないので、慎重な検討を要します。

悪質クレーマーが、対応を行った担当者等を写真や動画で撮影し、SNS等に投稿した場合、会社は、どのように対処すればよいか

A 会社は、担当者に対し、悪質クレーマーから写真や動画で撮影されないように社内教育を徹底しましょう。

悪質クレーマーが対応を行った担当者を写真や動画で撮影し、SNS等に投稿した場合、会社は、そもそも法的な対応をするのか、それともそれ以外のビジネス上のなんらかの対応をするのかについて検討しましょう。

解 説

1 悪質クレーマーから撮影されないようにする

悪質クレーマーが対応を行った担当者を写真や動画で撮影し、SNS等に投稿した場合、投稿された写真や動画はインターネット上で、転々流通するため、これらの写真や動画を完全に削除することは困難です。また、以下で説明する法的措置を用いて、上記の投稿を削除することは可能であるとしても、多くの手続を必要とし、時間も要するこ

とから、それまでに被害が拡大するおそれがあります。

　そこで、会社は、担当者が悪質クレーマーから写真や動画で撮影されることを防止することがきわめて重要となります。具体的には、会社が、社員研修等を通じて、担当者に対して、たとえ悪質クレーマーが写真や動画の撮影を行おうとしても、決してこれに応じる必要がなく、写真や動画の撮影を中止するよう求めるべきであることを伝えておくべきです。

2　投稿された写真や動画を削除するための法的措置

(1)　投稿者の特定

　会社が営業妨害を理由として差止めや損害賠償の請求を求める場合、その前提として投稿者を特定する必要があります。しかし、これは、容易ではなく、以下の手続をとることになります。

　投稿者を特定する方法として、特定電気通信役務提供者の損害賠償責任の制限及び発信者情報の開示に関する法律（いわゆるプロバイダ責任制限法）という法律があり、その第4条に、発信者情報開示請求という制度が定められています。同条では、発信者情報開示請求の要件として、①侵害情報の流通によって当該開示の請求をする者の権利が侵害されたことが明らかであるとき、②当該発信者情報が当該開示の請求をする者の損害賠償請求権の行使のために必

要である場合その他発信者情報の開示を受けるべき正当な理由があるときと定められており、開示を求めることができる内容は総務省令で定められています。

この制度を利用するに当たっては、SNS 等のサイト運営会社を調べ、プロバイダ責任制限法のガイドラインにのっとり、一般社団法人テレコムサービス協会が指定する「発信者情報請求書」の書式を使用して必要事項を記入し、必要書類（権利侵害されている投稿ページのコピー、身分証明書等）を添付して、サイト運営会社に対し送付します。

サイト運営会社が、上記の請求に応じた場合には、投稿者の情報を取得することができ、投稿者を特定できます。

(2) 発信者情報開示の仮処分

サイト運営会社が、上記請求に応じない場合には、サイト運営会社の所在地を管轄する裁判所に対し、仮処分命令の申立てを行います。仮にサイト運営会社が、日本にまったく拠点のない海外の法人である場合には、東京地方裁判所へ仮処分命令の申立てを行うことになります。

(3) 投稿者特定後の措置の検討

上記(1)や(2)の方法により、投稿者が特定できれば、投稿者に対し、会社が営業妨害を理由として差止めや損害賠償請求することや、撮影された担当者個人については、肖像権の侵害を理由として、同様に差止めや損害賠償請求することが考えられます。

このように法的対応は可能ですが、通常このような事態が起きるのは、企業が個人相手にそこまでしないであろう、あるいは投稿者個人相手にそこまでやるだけのコストをかけないであろうとの発想が根本にあるように思います。したがって、会社としては、個別の場面でどこまで対応するか、対応は法的な対応なのか、それ以外のビジネス上の対応なのかについて検討することが必要になると考えられます。例えば、無視する、あるいは何も対応しないという判断もありえますし、対応するとしても、法的な対応ではなく、SNSへの投稿内容をふまえて企業のホームページ等で顧客一般に情報を発信するという対応も考えられます。

あらましとQ&Aでわかるカスハラ

2020年7月29日　第1刷発行
2021年8月30日　第2刷発行

編　者	弁護士法人中央総合法律事務所
著　者	中光　　弘・錦野　裕宗
	國吉　雅男・古川　純平
	西中　宇紘・金木　伸行
発行者	加藤　一浩

〒160-8520　東京都新宿区南元町19
発　行　所　一般社団法人 金融財政事情研究会
企画・制作・販売　株式会社きんざい
編　集　室　TEL 03(3355)1713　FAX 03(3357)3763
販売受付　TEL 03(3358)2891　FAX 03(3358)0037
URL https://www.kinzai.jp/

DTP・校正：株式会社友人社／印刷：株式会社日本制作センター

ISBN978-4-322-13564-0